KUMA

黑熊學院 少年防衛課

黑熊學院×少年國際事務所

——策畫・製作——

目次

【實用篇】請你跟我這樣做

作者序

這是場大型社會運動，只要起步，都不嫌晚

沈伯洋（黑熊學院院長）

我在今年與臺灣民主實驗室執行長一同走訪了烏克蘭，在基輔遇到了春天以來最大的轟炸。在緊張的氛圍下，短短一個星期裡，我們密集拜會了二十個組織，從政府到民間，從第一線士兵到資安工作者。我最常問對方的問題就是：「你們難道沒有人說『不想打仗』，說『俄羅斯與烏克蘭血脈相通』，說『兩國保持安全距離就不會有事』，說『和談就好』的話嗎？」因為這些說法，只要把烏克蘭換成臺灣，把俄羅斯換成中國，正是臺灣隨處可聞的街談巷議。

一名烏克蘭人權工作者看著我笑了笑，說：「當然有啊，但在二〇一四年以後就越來越少了。」

二〇一四年發生了什麼事？烏克蘭失去了一部分領土地——克里米亞，並爆發廣場革命，使得他們驚覺敵人竟然如此的靠近。而臺灣呢？二〇一四年有太陽花學運，但是十年過去了，卻沒有與烏克蘭一樣建立起堅定的敵我意識，導致正常的國防與民防討論，竟常常淪為政治口水。

我長期參與社會運動，也是一名大學教授，一直在思考臺灣到底缺了什麼。面對中國從一九四九年至今的騷擾與滲透，臺灣社會時而警醒，時而安逸，很難捉摸民眾真實的意向，但在有限的民調當中，我們至少可以確認幾個事實：

一、臺灣人民越來越認同自己的國家；二、臺灣人認同民主的比例越來越高；三、超過五成的臺灣人願意開戰抵抗。

聽起來似乎很不錯，但同時存在的問題是：

一、臺灣人對盟友的懷疑正在增加；二、臺灣人對中國的認識日益減少；三、臺灣人對戰爭的可能日漸無感。

姑且不論這些矛盾如何產生，事實上，人原本就會有許多矛盾的主張，究其原因，其實都是因為大家對中國的認識並不深刻，包括：中國有多少武力？要怎麼打臺灣？「打臺灣不如買臺灣、買臺灣不如騙臺灣」是什麼意思？民主同盟國家現在對中國的態度是什麼？這些問題並非基礎教育的一環，也不是人人都具備的基本認知，因此導致臺灣人一方面認同自己的民主自由，另一方面卻又不確定守護民主自由的代價是什麼。

為了補足這個缺口，朋友和我寫了《阿共打來怎麼辦》這本書，同時我又另和一群夥伴在二〇二一年成立了「黑熊學院」，目的就是要推廣基礎知識，建立人民正確的認知與信心，讓大家在戰爭來臨時不會感到害怕。

當戰爭來臨，我們有強大的國軍守衛著前線，但有百分之九十的民眾不會在戰場上。而這一千多萬民眾最重要的任務，就是好好的活著，避免自己受傷，或者至少能在受傷時保護自己。對戰爭有基礎的認知，就不會被假消息迷惑，誤以為投降就能解決一切。少量但正確的知識與技能，就能夠讓民主存活。

至於行有餘力的人，在保護自己之餘，就能夠做更多事情，例如物流、指揮疏散、諮商、闢謠、獲取公開情報、傳遞訊息、識別、食物儲備與烹煮、基礎設施維護等等。這就是所謂的民防體制，與國防相互支援，贏下戰役。

許多阻力讓我們在推廣時處處碰壁，但我們不氣餒。二〇二三年年底，我們舉辦了萬人親子園遊會，讓小小孩從小認知保護自己的重要性，並且與字畝文化合作推出這本少年民防手冊，讓大一點的小孩能夠輕鬆學習基礎民防知識。針對成人，我們在官網也有各式各樣的線上與實體課程。

這是一場大型的社會運動，我們雖然錯過了臺灣的「克里米亞」時機，但任何時間起步都不嫌晚。

歡迎大家一起參與這個保護自己與家人的時刻，各位的加入，將形成臺灣堅韌的後勤，也會是未來世人所談論的臺灣奇蹟。

出版序

打造更具韌性的公民社會防護網

馮季眉（字畝文化社長）

瑞典權威智庫「斯德哥爾摩國際和平研究所」（SIPRI）在二〇二三年四月公布一份全球軍費支出調查報告：中國軍事支出在過去十年大增六三％，二〇二二年支出兩千九百二十億美元，高居全球第二，僅次於美國；而且中國持續投資擴充海軍，藉此向臺灣乃至南海以外地區擴張勢力。報告指出：「全球軍費支出持續成長，顯示我們生活在一個日益不安全的世界中。這是俄烏戰爭所導致，而美中在東亞的緊張局勢尚未緩解且不斷惡化，也是原因。」

面對「日益不安全的世界」，除了政府必須有所因應，公民社會也需關注外在情勢與挑戰，思考公民應做的準備。「黑熊學院」就是在這樣的內外形勢下，由具遠見與憂患意識的公民，發起成立的一個推動民防的民間組織，透過開課、辦活動，協助民眾提升防衛意識、加強防災與應變能力。這些課程與活動推出後很受歡迎。字畝編輯部專責國際時事議題的團隊「少年國際事務所」，有幸與黑熊學院合作，將實體課程與活動，轉化成以紙書與電子書為載體的「少年黑熊防衛課」，讓小公民透過閱讀，從理解臺灣處境與挑戰開始，到認識現代戰爭的樣貌（例如「假訊息」就是一種資訊作戰），最後能學習一些防災避難常識。

對於那些還不認識黑熊學院、不清楚這些民防相關課程的讀者朋友或家長，這本書也是一個媒介，希望能促使更多公民認同民防與心防的重要性，並且願意鼓勵孩子接觸、學習。

在日常生活中，各種意外災難未必真的會降臨，但是人們基於「以防萬一」、「有備無患」的心理，還是會去買保險。同理，臺海不一定會發生戰爭，但我們仍應有所準備，這也是為國家安全與自身安全「買保險」。面對「不放棄武力侵臺」的恫嚇，我們的理性回應，就是「做準備，不畏縮」。善良的臺灣人並不好戰，更不求戰，然而若是有人意圖剝奪我們最珍惜的自由、民主的生活方式，我們當然必須挺身守護。

這是獻給臺灣少年讀者的第一本民防基礎讀本，也是學校沒教、但小公民都該修習的一堂課。本書編寫過程中，得到黑熊學院多位專家以及採寫好手紀淑芳的大力協助，在此誠摯感謝協助本書完成的每一位重要推手：黑熊學院的夥伴（執行長、副執行長、專家講師、行銷總監等），創作〈黑熊勇士歌〉的曹興誠先生，負責採訪寫作的紀淑芳女士，為黑熊學院繪製專屬圖像的漫畫家陸六、促成本書出版的劉進興教授、沈伯洋教授，以及所有給予我們支持鼓勵的朋友。

期盼隨著黑熊學院持續研發課程，「少年黑熊防衛課」也能繼續「開課」，推出更多豐富、實用的內容，幫助更多親子提升防災、應變的意識與準備，打造更具韌性的公民社會防護網。

推薦文

優質的臺灣現況入門書

蔡依橙（陪你看國際新聞創辦人）

戰爭，離我們並不遠。

這幾年，經歷過香港反送中、俄國侵略烏克蘭、哈瑪斯恐怖攻擊以色列後，即使對局勢再不敏感的人，也會同意這樣的判斷。

我們仍有機會避免，也仍有時間做好準備。

而且，準備得越多，讓敵人理解我們強大的抵抗意志與準備，實際發生戰爭的機率就越低。

臺灣，已經進入了戰爭的前導序曲，包括認知戰、社會滲透與擾亂民心等現象持續發生，中國利用任意封殺臺灣農產品、停止觀光客入臺、阻擋臺灣取得疫苗等方式，打擊臺灣人對民主制度與民選政府的信心，加上臺灣內部各種有心或無心的共鳴者喜歡把問題放大，臺灣這幾年遭受的攻擊，一波又一波。

敵人，早已在為戰爭做準備，或甚至，這些攻擊就是戰爭本身，大量的資金投入滲透與認知戰，就是希望能夠不戰而屈人之兵，讓臺灣人心防瓦解，自願被中國併吞。

五年前，我開始從網路分享臺灣視角的國際新聞與歷史解讀，就是希望能夠讓更多人了解臺灣在世界的角色，看清楚中國與其協力者的論述，有哪些是錯誤的。

跟本書《KUMA黑熊學院少年防衛課》一樣，在「陪你看國際新聞」專欄中，我們都分享過，根據歷史事實，中華人民共和國從來沒有統治過臺灣，他們卻藉由各種認知與論述的扭曲，宣稱臺灣是他們的固有領土，並用兩岸一家親、血濃於水等甜言蜜語，希望以偷搶拐騙的方式得到臺灣島。

但事實上，他們之所以希望取得臺灣，並不是因為真愛這塊土地和這塊土地上的我們，他想要的只是突破第一島鏈，能直接進入臺灣東部的太平洋深水區，以達到潛水艇匿蹤，直接牽制甚至攻擊美國的效果。

也是因此，才會出現「留島不留人」這樣顯露出心中真實想法的殘酷口號。

如果臺灣即將面臨戰爭，我們該怎麼做才能避免戰爭，又該如何做好相關準備，提高存活的機率與社會韌性？這就是黑熊學院長期在做的文化工程。

以黑熊基礎班為入門，讓更多人理解真實現況，取得社會共識，接著再帶出更多進階的知識和避難操作。黑熊學院的夥伴們打造了很完整的論述，也努力針對各種不同的族群持續分享，用不同的方式說、對不同族群說、持續說努力說。這本書，就是他們為小朋友以及政治不敏感者準備的入門讀物。

本書非常容易讀，概念正確、講述清楚，從國際地緣政治講到臺灣所面臨的威脅，說明中國對臺灣的認知滲透，我們該如何建構強大的防衛準備與心理建設，才能遏止戰爭。同時，帶到萬一真的戰爭發生時，該如何減少傷亡並增加存活機率，與其他的臺灣人一起，建構社會韌性，共同贏得最後的勝利。

很高興看到黑熊學院這麼用心整理這些橫跨地緣政治、軍事主題、認知對抗與民防避難的知識，而且用非常容易懂的方法呈現出來。

如果你有家人朋友，對這個主題的理解不多，這是很好的伴手禮與友善的起步協助。如果你想要帶領孩子認識臺灣獨特的現況，並做好強健的心理準備，這是很好的親子共讀入門書。推薦給各位。

觀念篇 破解攻心為上的戰爭

第一章／

俄烏戰爭打掉了餐桌上的鮭魚

噹——噹——噹——。

放學鐘聲響起，平安小學的小朋友們像是等到開禮物時間一樣，興奮的背起書包，向老師、同學互道再見後，爭搶著走出教室，校門口一陣哄哄鬧鬧，有爸媽已經等在校門口，頻頻探頭張望。擁擠的人群中，就讀國一的壯壯眼尖，很快找到五年級的妹妹小麗，兩人一起走路回家。

「不可以邊走路邊看手機啦！」儘管爸媽天天叮嚀，壯壯還是忍不住趕忙掏出口袋裡的手機，打開他最愛看的「TikTok」，一邊看一邊大笑。小麗提醒：「媽媽說這樣走路很危險耶！」但哥哥依然故我，她只好獨自盯著馬路上來往的車輛與行人，心想著回家要跟媽媽告狀。

走著走著，小麗突然停下腳步，「哥哥，你快來看！」

「什麼啦？」壯壯不耐的回答，還是勉強抬起頭。

小麗停在他們每天回家必經的迴轉壽司店前面，口中喃喃念著店門口前的公告：「因烏俄戰爭影響航班，鮭魚供應不及，鮭魚生魚片暫停供貨。」她滿臉疑惑，喊著：「這樣爸爸不就吃不到他最愛的鮭魚生魚片了嗎？」

妹妹的疑問，頓時把壯壯從網路拉回現實世界。因為爸爸是政治及軍事研究專家，耳濡目染之下，兄妹倆從小就常常聽爸爸講很多國家的故事，當然也提到過戰爭。雖然兄妹倆知道，戰爭會造成很多人死亡或受傷，房子被破壞後會有很多人無家可歸，還會出現難民等等。但是，他不理解：

「俄羅斯跟烏克蘭不是距離臺灣很遙遠嗎？」

「為什麼他們打仗，我們會吃不到鮭魚？」

這個問題引起壯壯的好奇心，他牽起妹妹的手，快步走回家，「我們回家問爸爸。」

糧食與戰爭的關係

兄妹倆的書房裡一直擺著爸爸的地球儀。他們一家人最常一起玩的遊戲，就是在地球儀上找出不同國家的位置。爸爸時常告訴壯壯、小麗，身為地球村的一員，必須認識其他的「鄰居」。

一回到家，壯壯馬上衝到書房把地球儀搬出來，憑著記憶，找到位於歐亞大陸北方的俄羅斯，又花了一點時間，找到位於歐洲東邊的烏克蘭。他才剛學會計算比例尺，還不太會用，但從地球儀上看起來，這兩個國家距離

▲烏克蘭與俄羅斯的相對位置。

臺灣應該有好幾千公里，他怎麼也想不透，為什麼這兩國打仗，會影響到臺灣的日常。

「我回來了！」爸爸宏亮的聲音傳來，壯壯和小麗馬上衝上前去，圍住爸爸，七嘴八舌搶著把今天放學途中看到的事情告訴爸爸。

「我也注意到這則新聞了，」爸爸一邊把公事包放下，一邊跟壯壯和小麗解釋，「這是因為許多臺灣業者從北歐的挪威進口鮭魚，俄羅斯入侵烏克蘭後，歐洲航空公司基於飛航安全的考量，紛紛減少航班，加上運費攀升，鮭魚價格也跟著飆漲，導致有些業者暫時停售。」

「難怪我最近到菜市場買鮭魚，價格上漲不少。」廚房裡傳來媽媽應和的聲音。

「不過，暫時不用擔心吃不到鮭魚啦，有些業者會改從其他國家進口，而且臺灣也有很多自己養殖的魚類可以選擇啊。」爸爸回應。

「臺灣受到俄烏戰爭的影響其實很小了，畢竟，臺灣跟俄羅斯及烏克蘭的貿易量較小。」爸爸接著說：「不過，烏克蘭和俄羅斯都是重要的糧食生產大國和出口大國，所以，有許多國家的糧食供應都受到很大影響。

例如烏克蘭，除了是工業大國外，也是世界著名的糧倉之一，生產小麥、向日葵等作物。小麥是很多國家人民的主食，葵花籽則可以用來榨油。在戰爭初期，俄羅斯攻占烏克蘭的南部海岸，阻斷了烏克蘭從黑海出口小麥等糧食，而首當其衝的就是北非以及中東等國家。俄烏戰爭才爆發，埃及和葉門就因為小麥價格上漲，又無法即時搶購，而造成糧荒。

又例如，印度是烏克蘭葵花子油最大消費國，戰爭爆發之後，食用油價格上升，連帶也導致食品價格上漲。

至於戰爭使得烏克蘭農民無法正常耕種，遭到破壞的耕作土地是否能夠及時恢復，又是另外一個問題了。

光從上面的例子，你們應該可以大致了解，俄烏戰爭絕對不僅僅是『遠在天邊』的兩個國家之間的衝突，而是會牽涉到世界上的許多國家。戰爭影響全球糧食供應，只是其中一個面向而已。」

一口氣解釋這麼多，爸爸話鋒一轉，趁機稱讚了壯壯跟小麗，「你們兩個今天表現不錯喔，會隨時關心生活周遭發生的事情呢。」爸爸特別盯著壯壯，補了一句：「手機、網路可以用，但要思考自己怎麼用它們喔。」

看到壯壯跟小麗似乎對這個議題產生興趣，吃完晚餐後，爸爸決定利用空檔，再多講一些。

烏克蘭跟臺灣的處境很類似嗎？

「既然你們今天問了俄烏戰爭的事，那爸爸也來問問你們，看你們兩個對俄烏戰爭了解多少？」爸爸問。

壯壯回答：「我從新聞播報的畫面裡，看到了俄羅斯飛彈擊中烏克蘭的民房，人們站在斷垣殘壁中，讓人看了鼻子酸酸的。」

「我光想到飛彈會從頭上砸下來，還可能和家人失散，就覺得很可怕。」小麗露出害怕的表情。

爸爸語氣也嚴肅起來：「是的，戰爭不但是種暴力行動，在國際間更是非法的行為。二〇二二年二月二十四日，俄羅斯對烏克蘭發動空襲，讓許多人改變了想法。過去國際間認為，透過協商、尋求共識，可以緩解國際衝突，但這樣的認知，因為這場戰爭而改變了。」

爸爸轉動地球儀，指出烏克蘭的位置說，「你們看，烏克蘭的地理位置很特別，它正好位在俄羅斯與歐洲大陸之間的樞紐地帶。俄羅斯入侵烏克蘭的藉口很多，其中一項是，俄羅斯不希望看到烏克蘭跟歐洲或美國等民主國家成為盟友。

打個比方，巷裡有戶人家是個惡霸，他自己只有一間房子，卻主張這條巷子裡所有房子都是他的勢力範圍。剛好，位於巷口的一間房子，關係著巷弄的進出，位置比較重要，這個惡霸因此特別關心這間房子的主人聽不聽他的話、是不是服從他的指揮，因為惡霸可能隨時想要封路，或收取過路費用等等。誰敢不聽他的，他就打人。」

「怎麼可以這樣！」壯壯激動的說。

「不可以！」小麗冷靜的附和著。

「如果用專業一點的術語來講，這叫『地緣政治的風險』，就是指國與國之間，因為地理位置相近，可能產生利益衝突與歷史文化的種種糾葛，在這些關係中，潛藏著引發衝突的風險。」爸爸喝口水繼續說。

「『地緣政治』這個名詞對你們來說可能比較陌生，但以後在了解國際政治時，會常常聽到它喔。」

「就這一點，臺灣跟烏克蘭的處境很類似，都面臨所謂的『地緣政治的風險』。臺灣隔著臺灣海峽，長期面對『鄰居惡霸』中國威脅要打我們，而烏克蘭則遭到另一個『鄰居惡霸』俄羅斯入侵。」媽媽補充道。

「不過，烏克蘭人民奮力抵抗俄羅斯，給臺灣人很多啟示。」爸爸說。

「烏克蘭人民很勇敢嗎？我要聽，我要聽！」壯壯、小麗兩人拉著爸爸，央求他快點說下去。

不能輕易投降、放棄自己的國家

爸爸娓娓道來：「俄羅斯當初攻打烏克蘭，原先的設想，是要在二十四小時內攻下烏克蘭的首都基輔，並在三天內結束戰爭。但是俄羅斯完全打錯算盤，因為烏克蘭撐住了。

戰爭剛爆發時，有其他國家善意提供烏克蘭總統澤倫斯基逃亡路線，準備用直升機把他救走，讓他在海外成立流亡政府，但是他拒絕了。俄羅斯則是不斷放出假消息，說烏克蘭總統已經逃跑，要烏克蘭人民不要抵抗，趕快投降。

為了破除假訊息，當時烏克蘭總統利用社群媒體，包括 Facebook、X 等，不斷的直播，甚至在安全許可下，走上首都基輔街頭，在重要地標前面開直播，讓人民知道總統沒有逃跑，相當程度穩定了烏克蘭的民心。

在俄烏戰爭爆發之前，有民調顯示將近六成烏克蘭民眾願意抵抗入侵；而在俄烏開戰後，表示願意為護國而戰的比例迅速飆升到九成一，後來也一直維持在八成左右。烏克蘭民眾除了加入軍隊、國土防衛部隊與民防系統外，各黨派的政治人物也都捐棄政黨成見，一致對外。

「那戰爭爆發的時候，烏克蘭的小朋友還要上學嗎？便利商店還會開著嗎？」小麗突然舉手發問。

「你的問題很好。」爸爸點頭表示稱讚，「在烏克蘭，當發生空襲時，大家都會撤到防空避難設施裡，但老師仍然在避難所帶著小朋友繼續上課。因為怕大家餓肚子，烏克蘭的麵包師傅繼續做麵包。即使是首都基輔遇到空戰最激烈的時候，麵包店一天也還開六小時。另外，像是醫院、警察局、郵局、銀行等機構，都持續運作；沒被戰火波及地區的銀行，也還是可以提領現金。

從這些例子可以看到，烏克蘭人民面對國家有難時，在安全而且能力可及的範圍內，仍舊堅守自己原本的崗位，貢獻一己之力。好好的活著，不耗費資源，其實就是一種抵抗。」

媽媽接著補充，「還有一個很有名的例子，一位烏克蘭脫口秀演員，甚至在地下防空洞，用英文表演脫口秀，上傳 YouTube，一方面娛樂受困的民眾，讓大家放鬆心情，一方面替烏克蘭政府及軍隊向國外募款。」壯壯和小麗聽到這裡，不約而同發出「哇！」的讚嘆聲。

「烏克蘭人民向全世界證明一件事情：當國家面對外敵入侵時，堅強的抵抗意志，才是一個國家能夠撐住的關鍵。相反的，一旦投降或失去士氣，正好就讓敵人稱心如意了。」爸爸讚賞的說。

備戰是為了防止戰爭發生

「除了戰時展現堅強的意志外，烏克蘭在平時也做了許多因應戰爭的準備。這裡說的準備，不僅僅是軍事上的，還包括整體國家及人民對可能發生戰爭的準備。」爸爸緊接著說。

「二〇一四年，烏克蘭曾經面臨『克里米亞危機』*，那次事件造成烏克蘭失去了部分土地，但也讓大部分的烏克蘭人民正視到，下一場戰爭可能很快又會發生。

克里米亞共和國原本是烏克蘭境內唯一的自治區，但在二〇一四年二月，俄羅斯發動一群沒有穿戴識別服裝的「小綠人」武裝部隊進入克里米亞，占領克里米亞最高議會，扶植成立親俄羅斯政府，隨後舉行了一場極具爭議性的克里米亞獨立公投。此後，克里米亞就成為被俄羅斯實質控制的區域。而烏克蘭境內原本較親俄的民眾，對俄羅斯的認同度有明顯逐年降低的趨勢，整體社會也有越來越多人，意識到俄羅斯可能會再度進犯烏克蘭。

從那時候開始，烏克蘭進行了一連串的準備，包括軍事制度改革、購置新武器等；更重要是，整個社會對戰爭可能發生，表現出積極參與的態度。例如，很多關心防衛事務的民間團體，提供國防部及軍方各種建議，也邀請民眾參加醫療、民防、甚至軍事等等各種訓練。

由烏克蘭民眾組織而成的國土防衛軍，也是在同樣的背景下所成立。這是民眾自願參加的部隊，在政府的監管下，針對十八歲到六十歲之間的烏克蘭民眾，以及合法居留滿五年的外籍居民，在地召募、在地訓練、在地防衛。非戰爭期間，他們利用假日受訓、服勤，一到戰時，就能迅速被動員起來。

國土防衛軍不是前線部隊，主要任務是防衛城鎮，維持地方治安，防止敵軍滲透。因為他們對當地非常了解，會不定期實施晚間宵禁。例如突然宣布晚上八點到凌晨三點某個區域宵禁，如果是當地居民，遇到宵禁就回家了；這時候還在路上逗留的人，可能就是滲透部隊，那麼他們就知道要抓誰了。

從新聞報導可以看到，俄烏戰爭爆發沒多久，很多國會議員、市長、甚至前總統，都加入這支部隊，然後被分配到自己居住的地區來保衛鄉里。」

以少勝多，不是不可能

為了引導壯壯跟小麗深入思考，媽媽也接著提出問題：「從人口規模來看，俄羅斯人口有一億四千多萬人，烏克蘭僅有四千多萬人；再以軍事實力互比，俄羅斯是全世界排名第二的軍事強國，烏克蘭則是軍事實力第二十二名的國家。這兩個國家打仗，你們認為哪一國比較可能獲勝？」

「俄羅斯！」壯壯和小麗不假思索，異口同聲回答，卻看到爸爸露出了否定的表情。

「如果單純以軍事實力、經濟量體等方面來看，烏克蘭的確看起來都不是俄羅斯的對手，可是，俄羅斯其實打得非常辛苦。」爸爸說。

「為什麼？」壯壯和小麗又異口同聲發問。

「除了剛剛提到的，烏克蘭人民展現堅強的抵抗意志，並做了多年的準備，還有一項關鍵的原因是，烏克蘭得到很多國家的援助。」

爸爸表情認真的說：「長期以來，俄羅斯試圖孤立烏克蘭，不准烏克蘭跟其他歐洲國家結盟，非要烏克蘭倒向俄羅斯不可。俄羅斯的目的，就是要製造彼此差距很大、實力懸殊的印象，讓烏克蘭人民產生無力感跟挫敗感，認為既然兩個國家的國力差距這麼大，乾脆直接投降就好了。

但是，俄烏戰爭不僅僅是兩國之間的衝突，它還會影響到區域周邊國家，更涉及國際和平、安全維護等等議題。當較小的國家面對強權入侵時，除了要自保、抵禦，也一定要有集體安全的概念，積極尋找盟友。」

「這又回到剛剛爸爸說的，一個國家人民的抵抗意志，是很關鍵的。當戰爭爆發時，其他國家會問：你們國家自己的人民會不會起來抵抗？如果不會，其他國家為何要花錢、花心力來幫助你？」媽媽說。

「這叫『自助人助』對不對？」壯壯說。

「沒錯。所以爸爸才說，做為地球村的成員，我們要隨時關心別的國家發生了什麼事情，其他國家也才會關心我們。例如，俄烏戰爭爆發後，很多國際友人或外國媒體都很關切，臺灣會成為亞洲的烏克蘭嗎？」媽媽回答。

聽到這裡，壯壯突然嚴肅的發問：「爸爸，你剛剛有說到那個地緣……政治的風險，那臺灣是不是很危險？中國會來打我們嗎？」

媽媽笑著回答：「這個可以問你們的朋友小童的媽媽喔，小童媽媽是這方面的專家，也是媽媽的好朋友，要不要明天我們邀請小童和她媽媽來家裡玩呢？」

觀念篇　破解攻心為上的戰爭

第二章／

為什麼臺灣是地緣政治風險最高的國家

放學回家路上，壯壯跟小麗多了兩個同伴——壯壯的同班同學小童與她媽媽。小童媽媽是主修政治學的記者，經常與許多專家切磋地緣政治議題。今天受到邀請來壯壯家聊天，小童媽媽心想，難得有機會給平日不關心這些事情的孩子，跟同學們一起討論「地緣政治」。

「爸爸說，因為俄烏戰爭的緣故，一整年都有很多國際專家及媒體來臺灣訪問，爸爸常常要接待他們，因此都很晚才能下班。」走在路上，壯壯發牢騷的抱怨著。但才一進門，爸爸、媽媽竟然都已經在家裡了。

「歡迎，歡迎。」壯壯媽媽一邊招呼小童媽媽，一邊指著電視機，「我知道你這次要撰寫中國軍事演習的相關報導，快請坐下來，新聞正好在播。」

新聞播報員用嚴肅的語氣播報著：

總統蔡英文四月六日過境美國，會晤眾院議長麥卡錫，中共八日宣布執行三天環臺軍演。

國防部統計，自十日上午六時至十一日上午六時，偵獲九十一架次共機擾臺，創下新高。

總統蔡英文今天說，她身為總統，代表國家走向世界，中國卻藉此發動軍事演習，造成臺灣與區域的不穩定，這不是一個區域內大國的負責任態度；中國軍演雖告一段落，國軍和國安團隊仍會持續堅守崗位，請民眾放心。

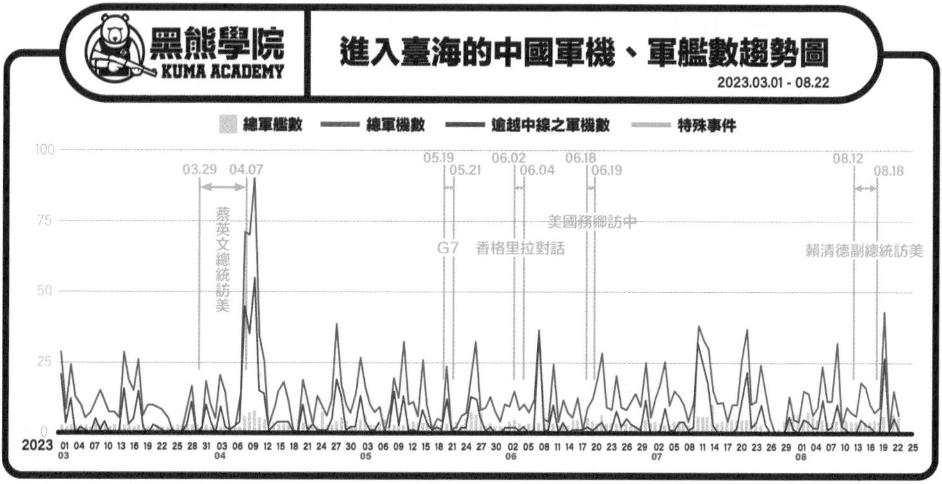

「阿姨，為什麼我們的總統去美國，中國要那麼生氣啊？」壯壯經常會在電視新聞上看到中國軍演的消息，新聞畫面還會出現很多飛機、船艦的畫面，很像在播電影，但因為實在看到太多次了，壯壯看久了也沒有什麼感覺。直到昨天聽過爸爸講述俄烏戰爭後，他才開始意識到，這不是在演電影，而是真實發生的事情。

「這就像俄羅斯對烏克蘭一樣，中國也想孤立臺灣，不讓臺灣跟其他國家交朋友。」小童的媽媽眼睛盯著電視，一邊回答壯壯的問題。

「俄烏戰爭開打，全球都聚焦在俄羅斯和烏克蘭的戰事上，但臺灣與中國之間的問題，也有很多人關心。」這時爸爸起身走到書房，出來時手上拿了一本雜誌。

「這是一本專門報導全球政治、經濟等議題的英文期刊，叫《經濟學人》，在國際間相當知名。」爸爸晃了晃手上的雜誌說，「它在二〇一九年便曾經報導，全球兩個地緣政治風險最高的國家，第一名是臺灣，第二名才是烏克蘭。」

「什麼？臺灣竟然是第一名危險的國家！」壯壯高聲反問，露出不可置信的表情。

「中國為什麼要威脅打臺灣？」小麗用抗議的口吻，拋出了第一個問題。

中國為什麼要威脅攻打臺灣？

小童媽媽關掉電視，說道：「你們有沒有聽過一種說法，就是中國官員每次都像是重複播放的音樂一樣，宣稱：『臺灣是中國領土不可分割的一部分，解決臺灣問題是中國的事，只能由中國自己決定。』？」

「對，聽起來很像大賣場在放音樂一樣耶……」壯壯一說完，三個人就都笑倒在沙發上，三位大人也不禁莞爾。

「咳咳，」小童媽媽清了清喉嚨，問說，「那你們知道歷史上曾經統治過臺灣的政權有哪些嗎？」

「我知道日本統治過臺灣……」壯壯搶著回答。

「還有西班牙。」小麗不甘示弱的說。

「沒錯，那讓我來重新梳理一下這些歷史的時間順序。歷史上曾經統治過臺灣的政權，最早可以追溯至十六世紀甚至更早、由原住民部落聯盟所建立的大肚王國；其後又歷經西班牙帝國、荷蘭東印度公司、大清帝國，不過它們都只有統治一部分地區，而不是全臺灣。後來臺灣被大清割讓給日本，一九四五年，日本因二次世界大戰戰敗撤出臺灣，由中華民國接收，治理至今。」

「在這些政權裡，有出現過『中國』嗎？」小童媽媽問。

「沒有！」三個孩子齊聲回答。

「是的。中國，也就是中華人民共和國，是在一九四九年建立的政權，他們沒有一天統治過臺灣；更何況，現在的中國是共產黨一黨專政的國家，臺灣則是民主自由的國家，兩個體制完全不同的國家，誰也不隸屬誰，這是不可否認的事實。」小童媽媽加強語氣說。

歷史回顧

誰在治理臺灣

早於荷蘭　大肚王國
由原住民部落聯盟建立，統治時間甚早，直到十八世紀。鼎盛時期，領域範圍約為鹿港至大肚溪上下游。

1624~1662　荷蘭東印度公司
統治時間共三十八年。範圍主要是中部及南部沿海。

1626~1642　西班牙帝國
統治時間共十六年。治理區域為大臺北地區，以及部分桃園、宜蘭地區。

1661~1683　東寧帝國
又稱「明鄭時期」，統治時間共二十二年。歷經鄭成功、鄭經、鄭克塽三代。

1683~1895　大清帝國
統治時間共兩百一十二年。自一六八三年，康熙皇帝派遣施琅消滅東寧王國起算。

1895~1945　大日本帝國
一八九五年（清光緒二十一年、日本明治二十八年）大清簽《馬關條約》割讓臺灣給大日本帝國，至一九四五年日本因第二次世界大戰戰敗撤出臺灣，由中華民國接收。

1945迄今　中華民國

「那麼，中國為什麼要一直說臺灣是他們的？」不等孩子們回答，小童媽媽推推鼻梁上的眼鏡繼續說，「中國講了很多表面上的理由，都不是真正的理由。

歸根究柢，中國崛起後，一直想要挑戰美國成為全球霸權，而臺灣處在非常重要且關鍵的地理位置上。」

壯壯與小麗的爸爸插嘴道：「壯壯跟小麗，你們還記得我講俄烏戰爭時，有提到『地緣政治風險』這個名詞嗎？」壯壯跟小麗都點點頭，小童則露出不解的模樣。

「沒錯，就是地緣政治風險，我用地圖來跟你們解釋，就會比較清楚了，」小童媽媽這時打開她的電腦，找出了一張亞洲地圖，很特別的是，在太平洋上方，有兩條虛線。

眼尖的壯壯一看到，馬上搶著發問：「阿姨，那兩條虛線是什麼？」

臺灣的戰略地位與重要性

「左邊紅色這條線叫做『第一島鏈』，右邊藍色的這條線則是『第二島鏈』。這是冷戰時期一位美國前國務卿（類似臺灣的外交部長）所提出的戰略概念，結合島鏈上的國家成為盟友，在海上遏制當時的蘇聯、中國等共產國家往太平洋移動。

打個比方好了。我們臺灣就像是村子裡最有可能遭遇強盜的兩排房屋中，最外圍的那一排。」小童媽媽邊說邊拿紙畫圖解釋。

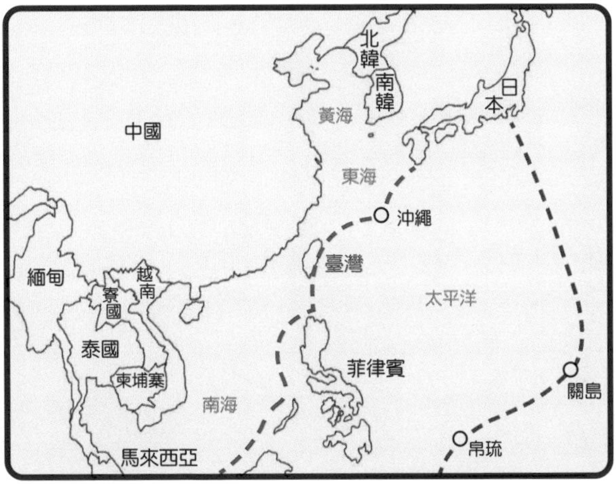

▲紅藍兩條虛線是第一島鏈（左）與第二島鏈（右）。

「你們再仔細看，在第一島鏈上，臺灣位於最中間的位置，對不對？」

小童媽媽接著說：「中國有三大艦隊，包括北海、東海以及南海艦隊。在第一島鏈的國家中，臺灣是唯一能遏制中國艦隊進入太平洋，必經的兩條最重要航道的國家。

我們再用剛剛防衛強盜的例子來說好了，臺灣位置的重要性，就像是看守村子出入口道路的房子一樣，如果有人控制了臺灣，把臺灣變成了強盜在村子裡的基地，那會怎麼樣？」

「強盜就會很容易的跑進村子裡，搶劫和傷害村裡的其他人……。」小麗搶先回答。

「沒錯。」小童媽媽點頭示意。「所以，中國為什麼想要控制臺灣？因為控制臺灣才能順利進入太平洋跟美國爭霸。而臺灣守在這邊，剛好卡住中國。」

「我考考你們一個問題。中國開始發展核子武器後，想要在世界上跟美國爭霸，可是這兩個之間隔著廣大的太平洋，中國如果派出軍機或發射飛彈，途中就會被攔截，那麼，中國要如何威脅美國呢？」小麗爸爸拋出一個問題，大家想了想，還是不知道答案。

「那我來回答好了。」小童媽媽公布答案：「以中國目前所有發射核子武器的條件，最具威脅性的方式是使用潛水艇。透過海洋，中國的潛水艇才有可能靠近美國。」

「潛水艇有個特性，就是要潛得夠深，才不容易被偵測到。問題是，中國所有的港口都是位於淺水區，潛水艇從淺水區進到深水區之前，都能夠被監測到，美國就能有所防備。」小麗爸爸補充。

「講到這裡，就要提到臺灣『水面下』的戰略重要性了。」小童媽媽接著說：「如果我們有機會從水面下看，臺灣西側的臺灣海峽，水是比較淺的，但臺灣的東面及南面，則屬於深水區。

你們想想看，一旦中國控制臺灣，就有機會把潛艇布署在臺灣東部，那麼中國艦隊只要一出港，就有辦法直接溜入深水區。以目前的科技技術，要偵測深水區的潛艦還是有難度，如此一來，中國潛水艇要靠近美國，威脅美國的成功機會便大大提高了。」

「原來，從水面下，也可以看出臺灣的重要性！」小麗說道。

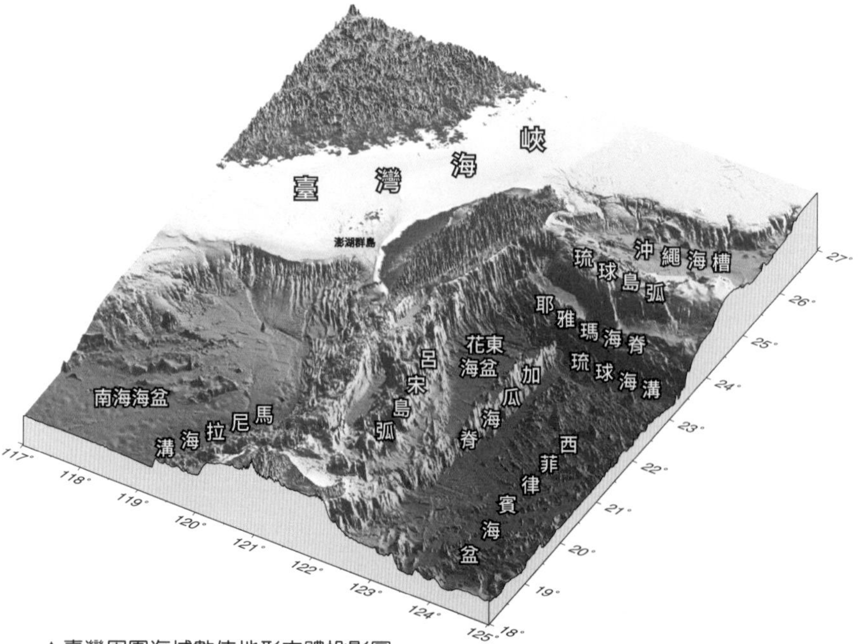

▲臺灣周圍海域數值地形立體投影圖。
（由國立臺灣大學海洋研究所／國科會海洋學門資料庫授權）

「是的，臺灣在地緣政治上真的很重要，這才是中國想要拿下臺灣的關鍵原因。中國甚至有『寧願臺灣不長草，也要拿下臺灣島。』的『順口溜』呢！」小童媽媽說。

孩子們聽到這種說法，都不禁皺起眉頭，覺得很刺耳。

臺灣海峽的重要性

說到這裡，小童媽媽喝了一口水，休息了一下，又從電腦裡找出另一張圖片。這是一張展開的世界地圖，上面布滿了無數的點，地圖上還特別標示出臺灣海峽的位置。

「這張地圖上面，為什麼有那麼多小點點？」這回換成小麗搶先發問。

「地球上有七成是海洋，三成是陸地，全世界國與國之間的貿易，絕大部分都是透過船舶運輸的。這張地圖上的小點，是標示世界各地航運的繁忙程度，小點越多，表示越繁忙。」小童媽媽指著臺灣海峽的位置說：「你們有發現嗎？臺灣海峽附近的小點點特別多。」

「對耶！」三個小朋友都湊上來盯著看。

「根據統計，全球有八八％的各類船運航班要經過臺灣海峽，這裡可以說是全球最繁忙的航線之一，不僅僅關係著區域間的經貿，也影響全球的貿易活動。

日本前首相安倍晉三曾經提出『臺灣有事，日本有事』的概念。舉例來說，日本從中東或其他地區運送來的貨物，都得經過臺灣海峽，如果中國封鎖臺灣海峽，一定會波及日本，日本的貨運船隻就要繞道航行，如此一來，光是運費增加以及投保鉅額兵險，都可能使日本國內物價翻了好幾倍，民眾的生活秩序也會因此大亂，日本根本無法接受這種事情。」小童媽媽說。

「坦白說，不僅僅是日本有事，韓國也會有事，區域周邊的國家都會有事。就像之前舉過的例子，如果巷弄間出了一個惡霸鄰居，附近的住家都會受到影響。中國就是典型的惡鄰居啊。」壯壯與小麗的爸爸補充說。

「不僅僅針對臺灣，中國其實是一個有擴張主義傾向的國家，也是領土爭議非常多的國家。」小童媽媽再度指著地圖說，「你們看，從太平洋海岸線延伸到印度洋的這個區域，被稱為『印度—太平洋地區』，簡稱『印太地區』，這裡也是受到中國威脅最嚴重的區域。

這個地區居住了全世界六一%的人口，世界上有三十個超級大城，其中有十五個在這裡。美國的前十五大貿易夥伴中，有七個位於這個區域，臺灣就是其中一個。這幾年美國提出了所謂的『印太戰略』，試圖結合這個區域的盟友和夥伴，因應中國日益強勢的各種擴張。」

臺灣對全世界來說，重要嗎？

說到這裡，小童媽媽停頓了下來，好讓大家消化一下。片刻後，她又丟出一個問題，讓孩子們一起動動腦，「你們有聽過『護國神山』嗎？」這時，只有壯壯與小麗的爸媽點點頭，壯壯則反問：「是指玉山或中央山脈嗎？」

小童媽媽笑了一笑說，「沒錯，但只能算你說對了一半。住在臺灣西部的居民受到中央山脈屏障，降低了颱風帶來的損害，暱稱它是『護國神山』。而臺灣的晶片產業也因為一些原因被這樣稱呼呢！

我剛剛用了很多例子，告訴你們臺灣地理上的重要性。其實，臺灣的科技產業也扮演關鍵角色。美中經濟貿易大戰與國際局勢的急遽變化，臺灣的晶片產業突然成為全球的焦點。」

小童媽媽接著說：「從手機、電腦，到汽車、飛機、家庭用品等等。都需要使用晶片。而臺灣的晶片占了全球高達六、七成。用「護國神山」形容晶片產業，主要是凸顯臺灣半導體產業在全球電子產業供應鏈的關鍵地位。臺灣一旦被中國控制，將對全世界的晶片市場帶來重大衝擊，全世界很多國家都會關切，這就對臺灣產生了類似防護的效果。

但即便如此，不代表中國不敢攻擊臺灣。對中國來講，不管是用威嚇的、或用軍事手段，中國都會想藉著控制臺灣，拿下關鍵產業的關鍵技術。」

爸爸補充說，「應該說，正因為臺灣不管是地理位置，還是關鍵產業，都正好是非常重要的角色，所以一旦中國在臺海開戰，也意味著向全球開戰。」

聽到這裡，壯壯與小童的媽媽心情五味雜陳。經過這兩天的討論，她深深體認到，對於中國這樣的惡霸鄰居，自己似乎仍舊不夠了解，而且就算現在懂了，作為一般人民，又能夠做什麼呢？小麗媽媽似乎看透了她的心思，說道：「臺灣現在有一家黑熊學院，他們主張『如果想要和平，先要做好防衛的準備』，大家想不想找時間一起去拜訪『黑熊』，問問我們該怎麼準備，可以怎麼做呢？」

「好！」全部的人異口同聲說道。

觀念篇 破解攻心為上的戰爭

第三章／拜訪黑熊學院

壯壯最近跟爸媽鬧得不太愉快，因為壯壯沉迷於社群平臺，尤其是 TikTok 上的短影片，常常看到功課忘記寫。

「為什麼有人說看 TikTok 會變笨啊？那些就是很好笑的影片而已嘛！」壯壯每次都這樣跟爸媽反駁。

這天，小童跟小童媽媽又來壯壯家作客，壯壯媽媽提到了自己擔心壯壯花太多時間看「TikTok」的事情。

「你知道，除了讓你習慣一直去看影片之外，中國政府還可能利用 TikTok 等社群軟體對臺灣進行認知作戰嗎？」小童媽媽提醒壯壯。

小童媽媽接著說，因為中國不斷對臺軍演，不但頻率增加，規模也加大，加上各種軍事謠言，透過社群媒體不斷傳播，越來越多人擔心臺海開戰，臺灣會守不住；她也發現，身邊很多父母都很焦慮，擔心萬一臺灣有戰爭，要怎麼保護小孩，該逃到哪裡去……

「我們那天說要一起去黑熊學院，擇日不如撞日，過幾天我剛好要去採訪『黑熊學院』，你們要一起去嗎？」小童媽媽突然宣布。

「好！」三個孩子馬上彈了起來。

「我們也可以順便請教黑熊學院的老師，問問他們對於看 TikTok 可能面臨的風險！」小童媽媽說。

「真的嗎？太棒了！我要去。」壯壯腦袋瓜轉得飛快，「那我還要問黑熊老師一個問題：大人都在討論戰爭，我不想要戰爭，可以怎麼辦？」

為什麼會有「黑熊學院」？

那天離開壯壯家之後，小童媽媽回到家，便開始整理她平日蒐集到的問題。訪問這一天，她帶著壯壯、小麗以及小童，準時抵達黑熊學院。迎接他們的是一位長得胖胖的黑熊老師，小童媽媽介紹他是黑熊學院的共同創辦人，壯壯帶著期待的眼神，喊了一聲：「胖熊老師好！」

孩子們看到老師，便迫不及待的想問問題：「你們為什麼會成立黑熊學院呀？」

胖熊老師緩緩道出當初創立黑熊學院的初衷：「臺灣長年處在戰爭的威脅下，但一般民眾對戰爭可能發生的狀況，不僅陌生，也幾乎沒有人教導大家如何準備，導致有些人對於『如何守衛

臺灣』產生動搖。在這樣的情況下，黑熊學院希望能從加強民眾的抵抗意志出發，教導大家如何保護自己，以及如何貢獻所能。」

他補充道，「在戰爭中，大部分的民眾並不是直接拿武器上戰場的人，因此最重要的事情是先保護自己，才能保護家人，也才能進一步思考自己對戰爭是否能有所貢獻。」

「那稱為黑熊，是有什麼象徵意義嗎？」壯壯對名稱由來很感興趣。

「日文的熊讀作 Kuma，在日本民間傳說中，熊是鄉土與森林的守護神；而臺灣黑熊則是臺灣島上體型最大的食肉目動物，看起來既威猛又勇敢，所以我們就用黑熊取名。黑熊學院成立的目的，就是要邀請大家學習各種知識，一起守護我們的家園。」

小童媽媽先前已經先閱讀黑熊學院的資料：原來，黑熊學院是二〇二一年由兩位老師和一群志工共同發起成立的。一般民眾從參加基礎營開始，可以學習「現代軍事科普」、「資訊戰與認知作戰」、「衛生與基礎救護」、「避難實作工作坊」等課程，目的是希望能夠讓一般民眾從認識現代戰爭開始，進而培養自主防衛能力，提升社會防衛信心。另外，如果想貢獻更多的人，黑熊學院更開設了一系列的救護、情報、防身等等課程。

胖熊老師補充說：「戰爭時，士兵在前線作戰，警消人員也要處理很多緊急救難的事情，民眾該如何自保？比較理想的狀況是，每個家戶至少有一個人具備防衛的概念，這個人可以帶著家人做物資準備，或避難的規畫。臺灣目前有九百萬家戶，黑熊學院的階段性目標是，先讓兩百萬到三百萬人對現狀有基礎知識，讓更多人對地緣政治、資訊世界、救護避難，有基本的概念，然後提供更進階的技能課程給想要學更多的人。」

你對戰爭沒興趣，但戰爭對你有興趣

「有一句名言說：『你也許對戰爭不感興趣，但戰爭對你卻深感興趣。』」胖熊老師停了一下，繼續說：「戰爭是很難預測的。二〇二二年二月二十四日，俄羅斯入侵烏克蘭，就在前一天，有媒體採訪烏克蘭首都基輔的民眾，問道：『現在局勢那麼緊張，會不會擔心發生戰爭？』很多民眾的反應都認為『不會啦』、『已經講那麼久了，也沒有發生』。在戰爭發生的前一天，基輔甚至還有單位舉辦大型舞會，人們開心的跳舞，沒有人能預料竟然隨即發生這麼激烈的戰爭。」

「你們都知道，俄羅斯和中國都是獨裁統治的國家吧？」三個孩子點點頭。

「在民主國家，領導人的合法性及正當性，是來自多數民意的投票支持，如果民眾不希望發生戰爭，自然不會選出發動戰爭的領導人。」胖熊老師說：「可是，獨裁國家的領導人不是正常民主制度選出來的，他們所做的決定也不是依據民意，而是自己的利益。就像俄烏戰爭為什麼會開打？不取決於烏克蘭人，甚至不取決於多數的俄羅斯人，而是取決於少數的獨裁者。」

胖熊老師接著說：「同樣的狀況，也可能發生在中國的獨裁統治階層。為什麼中國一直揚言打臺灣？除了臺灣的戰略地理位置太重要，還有一個理由就是中國領導人面臨自己政權的危機。」

「從前的中國領導人，主要是透過帶領民眾脫離貧窮，讓大家都忙著賺錢，轉移大家對獨裁政權的質疑；可是，這幾年隨著中國經濟狀況越來越不好，獨裁統治的壓力也越來越大，領導人為了想要延續自己的任期，就會想要透過對外發動戰爭，轉移民眾注意力。」聽到這裡，小童媽媽露出沉重的表情。

「其實，以中國目前對臺灣頻頻實施軍事演習，加上不斷透過資訊科技進行駭客攻擊與認知作戰的情況，從現代的戰爭理論來看，臺灣已經進入準戰爭階段了。」胖熊老師下了這樣的結論。

「咦？」壯壯露出不可置信的表情，「原來不是只有用飛機、大砲攻擊別人的國家才叫戰爭啊？」

現代戰爭的多元樣貌

「沒錯！」胖熊老師解釋說：「過去的戰爭會有明顯的劃分階段，先是宣戰，然後攻擊。但是經歷過人類史上規模最大、傷亡人數最多的第二次世界大戰，人們體認到戰爭殘酷與慘烈，成立了聯合國。在這之後，國與國之間的衝突，如果以戰爭方式進行，會被視為非法、不義的行為，主動發起戰爭的一方會遭到其他國家抵制，聯合國甚至會出兵介入。

發動戰爭後果嚴重，所以侵略國會刻意避免使用『戰爭』這種名詞，例如俄烏戰爭爆發，俄羅斯並沒有對烏克蘭宣戰，而是宣稱自己是對烏克蘭進行『特別軍事行動』，目的就是想避免遭到國際間的全面性制裁。」

「那麼從前的戰爭和現代戰爭，有什麼不同呢？」小麗歪頭問道。

「這兩者的差異，取決於人類的技術和生活方式。例如，古代的農耕民族可能是拿著鋤頭走路去打仗，遊牧民族則是騎馬拉弓射箭，後來陸續發明蒸汽機、汽車，戰爭的樣貌也變得不同；飛機發明後，戰爭更是從平面變成立體。換句話說，所有的戰爭，都會以當代人的生活形態進行。在你們的想像中，二十一世紀的戰場是什麼模樣？」胖熊老師反問。

胖熊老師繼續說，「單純的武裝衝突，僅僅是現代戰爭的一種模式，現代戰爭不但型態多樣，而且相互交錯運用。以軍事術語來講，二十一世紀的戰爭，叫做『混合威脅』。意思就是，現代戰爭是結合傳統的軍事行動，再配合非傳統手段，例如資訊戰、經濟戰、金融戰、外交戰、情報戰等等方式，交互使用。

俄烏戰爭開戰之初，俄羅斯為了阻止歐洲國家支援烏克蘭，威脅歐洲國家，揚言切斷俄羅斯輸往歐洲國家的天然氣，這就是經濟戰的手段。另外，俄羅斯也刻意占領已廢棄和現役中的核電廠，試圖以核能安全、製造民生缺電危機來威脅烏克蘭。俄羅斯甚至在戰爭初期，攻占烏克蘭大部分的海岸地區，阻斷烏克蘭的糧食出口。」

「也就是說，現代戰爭已經不單純是槍對槍、砲對砲，而是所有可以使用的手段，都會用上。」小童媽媽補充。

胖熊老師將焦點轉到中國對臺灣的作為上：「中國除了長期軍演恫嚇臺

灣、發動資訊戰影響人民看法，也發動經濟戰，例如禁止某些臺灣農產品輸入中國等。另外，疫情爆發前，中國宣布禁止旅遊團到臺灣旅遊，試圖重創臺灣旅行業，增加臺灣政府的壓力。中國甚至還有法律戰，切斷臺灣自決的可能，並讓世界各國認為中國與臺灣只不過是『一個國家的內部事務』，用法律方式阻止其他國家幫忙臺灣。

臺灣當前面臨的一個重大威脅，就是中國會不會封鎖臺灣海峽，讓臺灣無法獲得物資。畢竟，臺灣九九%的能源都仰賴進口，很多生產物資、糧食也是從國外進口，如果封鎖臺灣海峽，就是典型的經濟封鎖戰。」

做好準備：心防、民防、國防

「可是我不想要戰爭啊，我們該怎麼辦？」壯壯突然拉高聲調表達抗議。

「避免戰爭的最佳方法，就是做好準備。」想必很多人問過胖熊老師這個問題，只見他不假思索回答。

「我先打個比方，如果有人天天練身體，有一天突然落單，壞人看到這個人身體很強壯，可能就放棄攻擊的念頭。

同樣的道理，不管有沒有戰爭，都要先做好戰爭的準備，讓可能的侵略者知道，侵略別人的國家，要付出的代價跟成本是很高的，而且不見得能夠得逞。我們做好戰爭的準備，不害怕、不心慌，此時對方看到你堅決的態度，可能就會覺得還是不要走上戰爭這條路比較好。」胖熊老師說。

「那我們如何做好準備呢？」小麗問。

「我們可以從心防、民防、國防三個層面，做好準備。」胖熊老師說：「首先，心防就是抵抗意志，而抵抗意志是面對戰爭時最重要的元素。抵抗意志要靠『國家認同』以及『認清敵人』這兩件事來建立，也就是常聽到的『敵我意識』。有敵我意識，接下來才能應對戰爭。這就像一個同心圓的概念，有心防，才會進一步建構民防、國防。如果缺乏抵抗意志的話，光有武器裝備也沒有用。」

「心防是鍛鍊自己的意志，那民防就是發揮眾人力量做一些事情嗎？」小麗舉一反三的問。

「沒錯，萬一發生戰爭，社會中原有的各種機制運作，例如，政府、交通系統、經濟系統、民生物資的運送，都可能遭到破壞，或者喪失機能；維護社會持續運作，讓社會盡速回復正常機能，就是民防的工作。例如，為了保命，設置防空避難設施；又例如，建置特種民防團，可以操作特殊機具，迅速修復橋梁、道路或通訊設施；義警、義消的訓練，也都屬於民防工作。」

「至於國防，」胖熊老師說，「臺灣是民主國家，不可能成為發動戰爭的一方，但面對不時揚言以武力攻打我們的中國，我們就必須強化國防力量，才能防衛國家，應對敵人的進攻。傳統的國防包括陸、海、空三軍，但是現在進入『混合威脅』的時代，整體戰爭的應對策略，已經需要政府各部門互相合作，才有辦法了！」

講到這裡，小童媽媽終於忍不住舉手提問了。

「中國不斷軍演，網路上都在傳，中國有兩百萬大軍，臺灣無法抵擋，對此我們該怎麼回應呢？」小童媽媽憂慮的問。

胖熊老師回答：「我們剛剛說過，現代戰爭的樣貌非常多元，可能是用

傳統的軍事手段，也可能是用『嚇』的。中國發動資訊戰，就是透過這類軍事謠言，意圖讓臺灣人在心理上認為『對手是強大到不可能抵抗的』，乾脆自己放棄抵抗，直接投降。」

「接下來，我們就一起來破除這些軍事謠言！」

這時胖熊老師站了起來，「在此之前，我先讓大家活動一下，我帶你們去參觀黑熊學院吧！」

觀念篇・破解攻心為上的戰爭

第四章／假消息與謠言，就是在打認知戰

解放軍隨時會攻臺？

參觀黑熊學院時，壯壯、小麗和小童三個人在教室裡東看西看，止不住好奇的探索每個角落，試圖想像著這些圖表、地圖和裝備什麼時候會派上用場。

「你們對這些東西好奇，這樣很好。」胖熊欣慰的說：「真希望每個人都像你們一樣對這些感興趣。畢竟保衛國家是所有人的事。現在，我們來談談一般人可以如何保家衛國吧！」

「我剛剛提到過，防衛的核心概念是抵抗意志，抵抗意志的培養和鞏固，叫做心防。在一般民眾間流傳的軍事謠言，都是透過專業知識的包裝，真假資訊摻雜，這些言論最終的目的，都是希望臺灣人民直接棄械投降，中國就可以不費一兵一卒，拿下臺灣。」胖熊老師一開始就強調鞏固心防的重要。

小童媽媽聽了頻頻點頭說：「我從網路及周邊朋友那邊聽到很多謠言，例如，『中國解放軍隨時會攻臺』、『二十四小時就解放臺灣』、『中國千枚飛彈血洗臺灣』等等，對於對軍事較為陌生的小朋友或民眾，該怎麼跟他們解釋呢？」

「先說說『解放軍隨時會攻臺』這則謠言好了。」胖熊老師說。

「從軍事上來講，『隨時』攻臺這件事，是做不到的。」胖熊老師解釋：「自古以來有一句話是：『大軍未動，糧草先行。』意思是說，即使要將士兵送往前線打仗，也要先把糧食準備好。

舉例來說，我們一般家庭要外出旅遊，也要先有計畫，例如，規畫路線、購買車票或預訂住宿等等。」

「是啊，我們家寒暑假要旅行，爸爸、媽媽都很早以前就開始預訂機票和旅館。」壯壯說。

胖熊老師接著說：「戰爭是有目的、有組織、有計畫的人類集體行動。因此，戰爭牽涉到士兵需要集結編組，物資需要準備，準備需要時間，而且規模都很龐大，這可能是幾千人、幾萬人、甚至幾百萬人規模的調動。中國不可能今天一時興起，突然想打臺灣，然後下午就出發了。

而且，臺灣跟烏克蘭很不一樣的地方是，烏克蘭和俄羅斯的邊界長達一千九百公里，俄羅斯要侵略烏克蘭，甚至不用搭車，走路就可以到了。但臺灣四面環海，地形相對複雜，中國如果想打臺灣，得先渡過臺灣海峽，因此需要搭船或搭飛機，牽涉到人員、飛機、船艦、物資的大規模調動，這需要花很長的時間，就會出現很多跡象和徵兆。

俄烏戰爭在二〇二二年二月二十四日開打，美國早在四個月前，也就是二〇二一年十月就提出警告，因為那時候俄羅斯已經在準備了。所以，不可能發生『解放軍隨時會攻臺』這種事情。」

25
24
23
22
122
121
120
福隆
新北
翡翠灣
新北
金山
新北
頭城
宜蘭
壯圍
宜蘭
蘇澳
宜蘭
林口
新北
海湖
桃園
Pacific Ocean
RED BEACHES
BATHYMETRIC
M
0
-40
-100
-200
-1000
-2000
-3000
-5000
加祿堂
屏東
林園
高雄
黃金海岸
臺南
七股
臺南
布袋
嘉義
N
Tropic of Cancer
KUMA ACADEMY
KUMA ACADEMY
SI VIS PACEM, PARA BELLUM
汝欲和平，必先備戰
字畝
黑熊學院
KUMA ACADEMY

「所以，我們不需要害怕了嗎？」壯壯提問。

胖熊老師說：「我們不需要過度恐慌，但要有警覺心，做好準備。一旦發生異常狀況，要提升戰備，增加物資的儲備。你有聽過一句話叫：『勿恃敵之不來，恃吾有以待之』嗎？」

「有啊，有啊，我爸爸跟我講過，是《孫子兵法》說的。」壯壯很得意的說。

「嗯，很好。這句話的意思就是，不要認為敵人不會進攻而心存僥倖，而應該做好防備，讓敵人無機可乘。」胖熊老師說。

飛彈齊發，炸翻臺灣？

這時小童媽媽說：「關於『解放軍只要發射千枚飛彈，就可以把臺灣炸翻』，我們應該如何破解呢？」

「在回答你的提問前，我先問一個數學問題，你們知道一顆彈道飛彈造價多少錢嗎？」胖熊老師問。壯壯、小麗和小童都搖搖頭。

「每顆彈道飛彈的價格都是幾百萬美元起跳，甚至幾千萬到上億美元不等。相對於所有的攻擊手法，使用彈道飛彈是比較昂貴的手段。」胖熊老師接著說，「彈道飛彈昂貴的原因，除了因為製造需要較高的技術，連平時的維護費用也非常高昂，並不是說製造出來就能放十年、十五年，隨時都可以拿出來用。這次俄烏戰爭中，俄羅斯把二次世界大戰後的戰車拿出來使用，都需要重新維護，才有辦法上陣。」

「也因為彈道飛彈非常昂貴，共軍不會有錢到拿幾億美元的武器到處亂炸，即使真的要使用，也會用在軍事、政治的敏感目標上。國際智庫評估，臺灣具有戰略價值的軍事、政治目標共六十七個，包括總統府等等『熱點』。

除此之外，重要的民生目標包括：水庫、發電廠、油庫、糧食儲存倉庫等等，數量可能達數百個，以中國飛彈的數量或單次能夠發射的數量，也是有限的。更何況，臺灣也有自己的防禦措施，包括攔截飛彈的能力。」胖熊老師說。

「那麼，我看新聞說，中國不斷有軍機在臺灣周圍飛行，那這些軍機會不會突然對臺灣丟飛彈啊？」小童追問。

「你指的是空襲。但中國要做這件事情的機率比較低，一來，臺灣的防空飛彈網非常密集，號稱是全世界第二密集的國家；再說，中國空軍因為缺乏實戰經驗，空襲能力沒有大家想像中那麼強。全世界大概只有美國有第一波發動空襲的能力，美國空軍是全世界最強的，只有他們才有把握這樣做。俄烏戰爭中，俄羅斯一開始也打算用空襲輾壓烏克蘭，可是被烏克蘭的防空飛彈擊落很多架軍機後，俄羅斯也不敢輕舉妄動了。」

百萬大軍渡海，根本擋不住？

「我在社群群組上還看到有人說，中國可以派出兩百萬大軍，一旦渡海攻擊臺灣，臺灣絕對無法招架？像這種說法，該怎麼看待呢？」小童媽媽繼續問道。

「中國解放軍有兩百萬大軍，可是，中國的國土面積是臺灣的兩百零六倍大，有十四個鄰國，而中國和鄰國的關係都不是很好，所以這兩百萬大軍必須分散布署在不同區域防衛，還有一部分軍力用於維持中國國內的穩定。所以，中國即使要攻打臺灣，也不可能把兩百萬大軍都動員過來。」胖熊老師分析。

「另外，登陸戰是所有軍事行動裡最複雜的一種。你們想想看喔，要進行登陸戰時，得先把士兵送上船，到了目標島嶼的四十公里外，得把人放到

登陸艇上，然後登陸艇一路顛簸前進，再把人放到海灘，士兵想盡辦法用爬行或走路的方式走過海灘，才上得了岸。光這樣聽就很複雜了，對吧？」

「那如果士兵暈船的話，事情不就更混亂了。」壯壯會暈船，因此對這樣的描述特別有感。

「在登陸過程中，各種混亂的情況都可能發生。」胖熊老師又問：「相信你們在社會課時，應該都聽過老師說明臺灣海峽又被稱為『黑水溝』的原因吧！」三個孩子點頭如搗蒜。

「這我印象很深刻，老師說過，臺灣海峽有黑潮經過，黑潮所含的雜質和營養鹽較少，不易反射陽光，相比之下海水的顏色比較深。」才剛學到這課的小麗邊回想邊說。

「這些和登陸又有什麼關聯呢？」壯壯不解問。

「想要順利渡海、登陸，本身就是大難題。臺灣海峽以風大、浪大，還有流速快著稱，加上季風交替明顯，因此一年之中，只有三月底到四月底、九月底到十月底，這兩個時段適合大規模登陸。不過，九月、十月又是颱風季，颱風的威力我們都知道，就更不用說是進行登陸戰了。」胖熊老師說。

老師喝了口水後接著說：「首先要選對季節，接下來就得看海水潮汐了。登陸必須選在漲潮時，這樣一來登陸艇可以利用漲潮的推力，盡可能靠近岸邊卸載士兵。而最理想的登陸時間，則是凌晨三、四點，這時天將亮未亮，正是軍防守備力最弱的時候。」

「天啊，自然老師說過，受到月球繞地球公轉的影響，每天漲潮的時間會延遲五十分鐘。這不就代表，不是看今天天氣好，就能摸黑出發渡海登陸，這太難了吧！」壯壯抱頭吶喊著。

只見小童媽媽冷靜的拍了拍壯壯肩膀，說：「精采的還在後頭呢，讓胖熊老師講下去吧！」

「而登陸艇得利用退潮時返回，接著利用下一次漲潮，載運第二波援軍。和登陸時摸黑上岸不一樣，選在白天返回是最理想的，避免船隻撞在一起，或撞上暗礁等等。」胖熊老師瞇著眼睛講，彷彿整個登陸規畫就在他眼前一樣。

「最好還要在八到二十四小時內趕到喔！」小童媽媽補充說明。

三個孩子異口同聲的說：「什麼，這些限制未免也太多了吧！」

「哈哈哈，就跟你們說困難重重吧！第二波援軍得在時間內趕到，是因為第一波登陸的士兵帶的東西不多，像是步槍、機關槍、手榴彈等較小型的武器，再加上一兩天的食物而已。因此，必須仰賴第二波援軍把火炮、戰車送來，否則無法繼續前進。」胖熊老師說。

「喔，那我懂了。如果第二波援軍拖太久沒來的話，第一波士兵可能都已經被殲滅了。那這樣就前功盡棄了耶！」壯壯腦子動的飛快，把這些資訊都串起來了。

胖熊老師繼續說，「敵軍若要進行登陸作戰，一是選擇強攻港口，二是突襲適合登陸的灘岸。臺灣只有十四個適合登陸的地點，其中金山共有兩個灘岸，而最寬的海灘是位在屏東的加祿堂海灘，僅有五公里，要容納大軍登陸是非常困難的。

另外，從臺灣的角度來看，中國的解放軍如果要發動登陸戰，必須進行大規模的兵力與物資的集結和準備，以當前的情蒐系統，想要不被發現是非常困難的。針對中國可能進行登陸作戰，臺灣多年來也早有防備規畫，渡海的中國軍隊，必須承

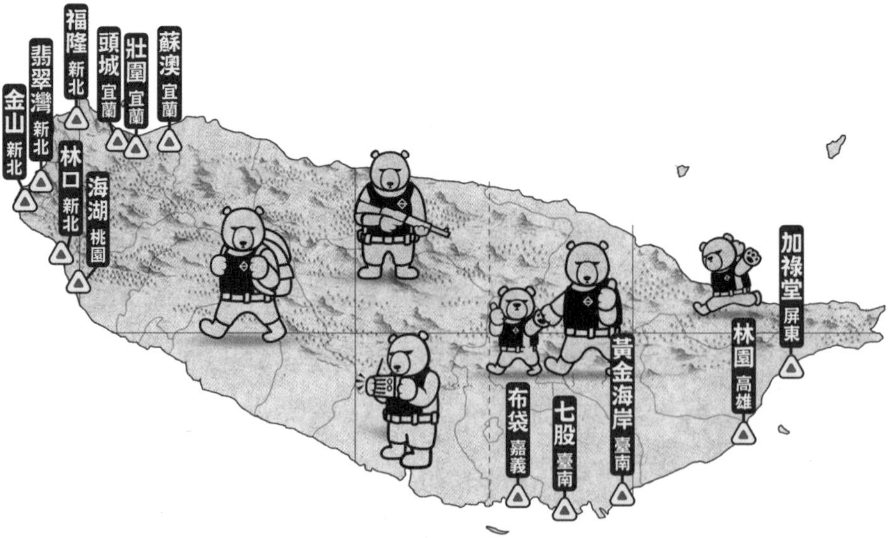

▲知道臺灣適合登陸的十四個地點，有助規畫逃生路線。

受數量龐大的反艦飛彈和防空飛彈的防禦火力，勢必也會受到巨大損傷。」

胖熊老師做了結論說：「所以說，雖然中國一直在積極準備，但以解放軍登陸戰打臺灣的做法，應該是中國最不想要嘗試的，因為太困難了。」

登陸臺灣比二戰諾曼地登陸還難

第二次世界大戰時的諾曼地大登陸，是人類史上規模最大的兩棲登陸作戰。當時，德軍已經瀕臨潰散，海岸守衛不足，盟軍投送了十五萬兵力、登陸艇七千多艘，以及一萬輛戰車，橫渡英吉利海峽（約二十二公里），在法國諾曼第海灘登陸。成功登陸諾曼第，為盟軍在西線的勝利奠定基礎。

國防軍購花大錢，很浪費？

聽到這裡，小童媽媽又提問：「臺灣每年花費很多預算購買武器，但在網路上一直有人在引導言論方向，批評軍購花大錢很浪費，不如用來建設，或用來提供免費的兒童營養午餐，我們該如何理解這件事呢？」

「臺灣長年沒有發生戰爭，但政府的確每年都編列大量的預算購買武器，民眾難免會產生你剛剛所說的那些迷思。除非發生戰爭，否則民眾看不到效益。但問題是，不使用這些武器反而是好事。」

「我聽不懂……」小童提問。

「想一想，臺灣為何要購買威嚇力強的武器？」胖熊老師繼續說：「軍購的目的，和大家想像的不一樣。臺灣軍購不是為了打仗，而是為了避免打仗。當我們做好萬全準備，才能讓可能來犯的敵人三思，他們說不定會打輸，就不敢任意發動戰爭了。

我舉一個例子來說明，你們就會更清楚了。例如，某一棟大樓因為常遭小偷，為了保障財產及生命安全，大樓管委會聘請了警衛駐守、住戶也安裝了保全系統，果然，再也沒有小偷來偷東西。這時候，卻有人開始抱怨這些措施每個月花費很大，導致管理費變貴，設置監視器也沒有用到，因為都沒小偷來啊，乾脆遣散保全省錢、拆了監視器還能省電。」

「我覺得小偷一定又會出現了。」壯壯問。

「是啊，是不是很荒謬？」胖熊老師點頭回應壯壯的看法，「回到我們剛剛講的，軍購是為維持安全現狀所做的安全投資，不備戰而想祈求和平，是癡人說夢。臺灣建軍備戰是要告訴中國，如果想任意侵略我們，可沒那麼容易得逞的。」

胖熊老師話鋒一轉：「從剛剛討論的這些例子，可以看到中國解放軍日益增強的軍事謠言，已經嚴重影響臺灣民眾對於兩岸軍事的理解，因而對於守衛臺灣的信心產生動搖。」

「唉，這些謠言真的非常多，怎麼澄清都沒減少。」小童媽媽嘆氣說。

「是的，中國對臺灣散播這些謠言的目的，就是要讓我們害怕。不過，謠言還不是只有這些喔，中國還會放更多與軍事無關的謠言，目的就是要讓臺灣社會動盪，降低對政府的信任度，進而對民主政治產生懷疑。我們把它稱為『資訊作戰』。關於資訊作戰，黑熊學院有一位很厲害的老師，你們可以去請教他，會了解更多喔。」胖熊老師這樣提議。

「太好了。」小童媽媽帶著小童、壯壯以及小麗起身道謝，跟胖熊老師互道再見後，他們在一位年輕黑熊老師的引導下，走進另一間教室，看到一位頭髮捲捲的酷酷老師……

觀念篇．．．破解攻心為上的戰爭

第五章／

我們都可能是那隻被騙的青蛙

「您是酷熊老師嗎？」一走進教室，壯壯看到一位頭髮捲捲、長得很酷的老師，又脫口幫老師取了一個代號。

在採訪之前，小童媽媽就聽黑熊學院的老師們介紹，這位「酷熊老師」是黑熊學院的共同創辦人之一，更是研究資訊戰爭的專家，儘管臺灣現在並無戰事發生，但中國對臺灣的資訊戰早已無孔不入，她非常期待酷熊老師的解說。

「酷熊老師，為什麼我的爸媽叫我不要看 TikTok？」才一坐下來，壯壯就開門見山的提出他長久以來的疑問。

買臺灣不如騙臺灣？

「你好，你叫什麼名字？」酷熊老師問。

「叫我壯壯就可以了。」壯壯介紹了自已的小名。

「壯壯你好，很高興你主動提出問題。在回答你的問題之前，我先舉幾個例子給你聽。」酷熊老師說。

「好啊，好啊！」壯壯挺直了腰桿，準備認真聽講。

「過去幾年，疫情發生期間，是不是有很多真真假假的訊息，充斥我們的生活周遭，讓很多人感到很恐慌呢？」酷熊老師問。

「這個我有印象，我還記得一開始爸媽都很緊張，擔心深怕我們打錯疫苗。」壯壯邊回想邊說，又像是想到什麼，緊接著說：「那時候媽媽每天下午兩點都會固定收看衛福部的記者會，看完後他們就會比較安心。」

「是呀，大多數人還是比較信任政府，所以不管外界說什麼，或是在網路上看到什麼，疫情期間，很多人會固定收看政府召開的記者會再判斷。因此，辨別真假訊息的方式之一，就是慎選資訊來源的管道。

慎選資訊來源管道，為什麼很重要？你們試著想像以下這種狀況：如果在戰爭期間，有人透過你常用的社群平臺，散布假訊息，讓大家誤以為總統已經逃跑了，或宣稱臺灣已經彈盡援絕，而且沒糧食了，要大家趕快投降，會產生什麼影響？」酷熊老師說。

「大家會很緊張，不知道該怎麼辦。」壯壯說。

「是的，這就是資訊戰爭的操作模式，透過散布假消息，目的是要讓我們的軍人或人民，在戰爭中喪失抵抗意志，最好趕快投降。」酷熊老師說。

「既然這樣，那不要去看假訊息就好了，不是嗎？」壯壯反問。

酷熊老師說：「放謠言或假訊息的人不會自己貼標籤，告訴你說：『我是謠言或假訊息的製造者。』在平時，他們還會大玩『偽裝術』。」

「咦，在網路上又看不到臉，要偽裝什麼啊？」小麗好奇問。

「在俄烏戰爭期間，俄羅斯操作資訊戰，就是很典型的例子。」酷熊老

師說。「在俄烏開戰的前四個月，俄羅斯針對烏克蘭以外的四十二個國家，發動駭客攻擊，之後開始丟出各種陰謀論。俄羅斯的目的，是要讓其他國家的人民，認為烏克蘭是一個『有問題』的國家，不要支持烏克蘭。可是，光說烏克蘭是個有問題的國家，一開始沒有人會相信，因此俄羅斯先藉著全球疫情大爆發，大家都很關注疫苗相關議題時，丟出大量跟疫苗相關的陰謀論，吸引了一批人，從那個時候開始，這些人慢慢習慣收看俄羅斯的管道所餵養的資訊。

等到俄烏開戰前，俄羅斯再透過這些管道，放出大量詆毀烏克蘭的假訊息，讓這些人信以為真。這導致俄烏開戰初期，這些國家都有一群特定的人，懷疑烏克蘭是個『有問題的國家』，認為自己的政府不應該馬上選邊站、支持烏克蘭。」

「天啊，這行為很卑劣耶！竟然先假裝給你有用的消息，之後再給你假的消息。」壯壯瞪大了眼睛，不敢相信有還有這種手段。

酷熊老師接著說：「有些頻道平日都分享一些無關緊要的唱歌跳舞或健康資訊，但是到關鍵時候，就把假消息透過同一個管道放出來，而我們自己中招了都不知道呢。

你們應該聽過，現代戰爭除了靠飛機大砲之外，因為網路發達的關係，資訊戰扮演越來越重要的比例。中國有句語說，『打臺灣不如買臺灣，買臺灣不如騙臺灣』。對中國來說，最好的劇本就是不用出兵，臺灣人自己因為害怕，就自動投降了。」

被騙的青蛙

「買臺灣、騙臺灣，是什麼意思啊？」小童不解問。

「你試著想想看喔，中國製造一顆飛彈的錢，可以收買多少網紅，在臺灣製造各種陰謀論或假消息，讓臺灣社會民心動盪，甚至對民主制度產生懷疑呢？中國對臺灣發動這種作戰已經非常多年了，只是很多民眾都像是被溫水煮的青蛙，絲毫沒有察覺到異樣。」酷熊老師說。

「中國如何對我們『溫水煮青蛙』啊？」小麗問。

「這句話原本的意思是，如果將一隻青蛙直接放進沸水中，青蛙會立刻發現太燙，趕緊跳出來；但是，如果將青蛙先放進冷水中，再慢慢加熱，青蛙則因為察覺不到危險而慢慢被煮死。」小童媽媽直接回答了小麗的問題。

酷熊老師舉例：「所以，中國喜歡製造各種陰謀論，試圖影響臺灣人民，比如說臺灣人民生病都是政府的陰謀、軍人是為了還債而當兵、香港反中抗爭事件是臺灣政府和烏克蘭政府資助等等，這些謠言都是要『慢慢的』製造我們彼此的敵對與不信任，也會讓我們開始對民主產生懷疑。」

「難怪老師經常說，言語是有力量的。」壯壯想像著覺得有點不可思議。

酷熊老師接著說：「就像我剛剛提到俄烏戰爭的例子，如果戰爭已經開打，才丟出一堆假消息，人民不一定會相信。因此，為了讓假消息在戰爭中發揮效果，在平時就要建立好散布謠言的管道。」

「如果你本來都有在看正常的資訊管道，中國就會想要先破壞這些管道。」酷熊老師舉例：「假設在疫情期間，有人不斷散布『政府兩點召開的記者會都是亂講的，都是官商勾結演戲等等。』，透過這種方式，讓越來越多人開始不相信政府、不相信媒體、不相信專業，對既有的資訊管道產生不信任感，或乾脆不看了，那他就先成功一半了。」

「那如果這些人還想要看疫情的消息，怎麼辦？」壯壯問。

「你問得很好。資訊作戰的第二步，就是餵給你新的管道。」酷熊老師繼續說：「當許多人不信任原本的管道後，如果敵人開始在社群平臺開了一個『真實疫情回報』的社團，宣稱『看這裡最準』，這時候會不會有人想要加入呢？如果有三％、五％或十％的人開始相信且加入了，這個管道再集中火力不斷散播陰謀論或謠言，讓加入的人慢慢改變想法，敵人的目的就達到了。」

酷熊老師繼續說：「中國一直以來都是利用臺灣是民主國家、擁有言論自由的特點來散播消息。透過各式各樣的陰謀論或謠言，在臺灣內部製造矛盾與衝突，或讓民眾的想法轉為對中國有利的認知，

進而製造大家對民主機制的不信任，甚至讓大家變得『我不喜歡你』、『我也不想跟你溝通』，這就是對民主機制最大的破壞，最終的意圖就是要在社會製造混亂，讓中國有機可乘。」

TikTok只是看好玩的影片而已嗎？

「另外，資訊戰爭不可能只透過一個管道影響所有人，因此他們會針對不同人的喜好，建立多種管道影響不同的人。」酷熊老師接著問：「你們看到好笑或可愛動物的影片會點讚、分享給朋友們嗎？」

「有啊，我喜歡看寵物的影片，還加入好幾個寵物社團。」小童搶先回答。

酷熊老師說：「剛剛提到，要散播謠言或假消息的人，會先『偽裝』，把你喜歡的東西『餵』給你，吸引你加入。例如，他們可能會先製作一些可愛動物的影片，或知名歌手的假粉絲團，分享歌手的資訊；還有網路上有很多心理測驗題目，當你輸入一些個人訊息，回答問題後，它會告訴你，『你是哪隻寶可夢』，或『你是哪個超級英雄』。」

「對對對。網路上有很多測驗，我都會去玩，我把名字跟出生年月日輸入進去，再回答一些問題，它就說我是鋼鐵人呢，真的很有趣！」壯壯講得眉飛色舞。

「當你經常去做這些來源不明的小測驗，你的個人資料可能已經洩漏出去了。」酷熊老師警告說。這時，壯壯突然收起笑容，不知道該如何理解「個人資料洩漏」這件事情。

「我告訴你們一個很驚人的數據，臺灣每個月遭受兩千多萬次的駭客攻擊，其中一個目的，就是駭客要偷資料。」酷熊老師說。

「說到這裡，我們回到壯壯一開始提出的問題，究竟看 TikTok 或是玩中國產製的手遊，會有什麼風險呢？」

酷熊老師接著說：「看 TikTok，一開始最大的風險就是個資被蒐集，也就是你個人的資料，可能都被洩漏出去了。比方說，從壯壯下載 APP 開始，APP 就會開始抓你的照片、定位等等，蒐集一段時間之後，它就會知道壯壯的喜好、常去的地方、什麼時候在滑手機。例如，對方透過個資蒐集，知道壯壯喜歡玩各種小測驗後，就會常常推播相關的廣告或社團推薦給壯壯。平常壯壯可能覺得只是好玩，一點問題都沒有，但關鍵的時刻，再把一些內容送到你面前，它的目的就達到了。」

「什麼？」壯壯聽得更迷糊了，他沒意識到這看似只是打發時間的行為，會衍生這麼多複雜的事情。

酷熊老師說：「我再舉一個俄烏戰爭的例子。俄烏戰爭初期，俄羅斯透過 Facebook、YouTube、TikTok、X 等社群媒體，散布很多謠言與假消息，許多平臺知道俄羅斯在散布假消息，就把這些帳號擋掉了，但假設今天是臺灣發生戰爭，中國的平臺會幫忙擋假消息嗎？」

「不會！」小麗回答得很快。

「是的，相對於其他的平臺有嚴格的隱私政策或法治規範；抖音及 TikTok 都是中國政府可以控制的平臺，中國除了是一個不講法治的極權國家，不會保護使用者的隱私安全外，中國更是一個長期對臺灣有敵意、宣稱要攻打臺灣的國家。如果今天中國對臺發動戰爭，它想要讓假消

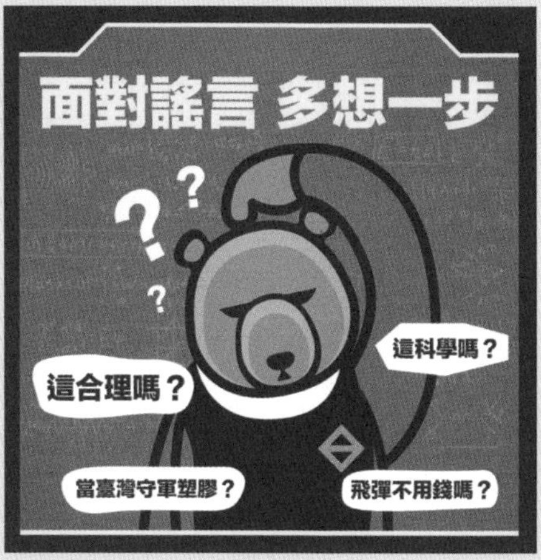

息第一時間出現在臺灣人的眼前，只要改變它掌控的這些社交平臺的演算法，就能做到了。

目前許多歐美國家都發現 TikTok 有國安及資安上的風險，紛紛禁止公務機關或公務員使用，臺灣政府也禁止公務上使用。」酷熊老師補充說。

該怎麼做才不會被騙？

「面對中國長期對臺灣發動資訊戰及認知戰，我們該怎麼做，才能避免落入這樣的陷阱呢？」小童媽媽提出她心中長期的疑問。

酷熊老師回答：「面對敵國發動資訊戰，我們平時就要建立信任且多元的資訊管道；如果不知道如何判斷，可以多跟父母或老師討論謠言，當個小小偵探，一起學習識別陰謀論以及假訊息。平時使用網路，也不要隨便輸入個人資料，避免個資外洩，被用來做不好的事情。」

「好，我才不想變成被溫水煮的青蛙呢。」壯壯一邊點頭，一邊回答。

「另外，資訊戰除了在平時利用偏頗或錯誤的訊息引導，改變大家對事物的認知，」酷熊老師接著說：「資訊戰的另一種操作模式，就是透過切斷通訊、網路的方式，讓大家收不到訊息。例如，開戰時利用駭客攻擊我們的重要網路設施，如交通、戶政系統等等。當局勢很緊張時，讓民眾無法取得重要的交通資訊，不知道要去哪裡避難，該去哪裡取得物資。駭客也可能攻擊金融系統，讓大家領不出錢，導致民眾陷入恐慌及焦慮。」

「我猜，到時候手機應該沒有訊號了吧？」壯壯舉一反三的問。

「有可能。」酷熊老師回答。

「那如果我想打電話找家人，打不通怎麼辦？」小童有點著急的問。

「現代戰爭就是運用所有的手段，要讓你投降。」酷熊老師說：「臺灣政府每年不是都有進行萬安演習嗎？演習的目的就是要人民遇到戰爭時盡量不慌亂，知道如何保護自己。同樣的，每個家庭也要在平時做好準備。」酷熊老師建議，「黑熊學院有專門教導民眾避難準備規畫的課程，也會一併解答壯壯剛剛提到的問題。」

走在回家的路上，小童媽媽深刻體認到，中國的資訊戰爭無孔不入，作為記者，她準備來好好做個專題報導。

另外，沒有人知道戰爭何時會發生，個人和家庭平時都應該做好避難的準備，她打算回到家就上網查看黑熊學院的開課資訊，報名上課，學習避難的準備及規畫。

觀念篇・破解攻心為上的戰爭

第六章／打造社會與家庭的防護力

看看別的國家怎麼做

這天，小童媽媽為了補充採訪稿，再次帶著小童、壯壯和小麗來到黑熊學院。迎接他們的是一位看起來精神奕奕，綁著俐落馬尾的老師。

小麗很興奮的說：「哇，你是我在黑熊學院認識的第一位女老師耶！」

「這是黑熊學院最棒的地方呢，只要想加入，每個人都能找到適合自己的位置和任務喔！你們好，我是大熊老師。」這位個子嬌小的老師，爽朗的笑聲和笑容，讓每個人都覺得今天的課程格外不同。

「我來考考你們，上次你們在這裡學了些什麼呢？你們還記得嗎？」大熊老師邊問邊把目光望向孩子。

「酷熊老師講了好多有意思的事情，但總結一句就是，做好戰爭的準備很重要。」壯壯提綱挈領的回答。

小童媽媽一坐下來，便翻開筆記本說：「我回家消化之後，還想到了一些問題要來請教老師。臺灣長期面臨中國的威脅，但大多數的人卻不太清楚，兩岸如果真的打起來，自己究竟可以做什麼？」

「的確，除非是年紀很大的爺爺、奶奶們，或許小時候經歷過戰爭，否則絕大部分的臺灣人都是在和平安全的環境下長大，對戰爭的準備完全沒有概念。」大熊老師說：「不過，俄烏戰爭開打後，烏克蘭政府針對『戰爭的時候公民能做什麼？』，進行了宣傳，列出了七件事情，我們可以學習起來照著做。

這七件事情包括：一、支持軍隊（例如捐款）；二、加入志工；三、做國土防衛（區域防衛）；四、在網路上與敵人作戰；五、打擊爭議訊息或假消息；六、回報敵軍資訊；七、繼續工作並繳稅。」

大熊老師接著說：「在戰爭中，九〇%的人不會上戰場，但只要後勤、民防穩定，戰爭就打得下去。黑熊學院最初成立的目的，除了教導大家認識現代戰爭，也希望學員能在了解民防工作各個面向的知識與技能後，知道自己在戰爭中可以扮演的角色，進而在戰爭中成為貢獻者。」

「不過，平民在戰爭時的首要任務就是『存活』。就像這份清單中的第七點，如果真的不知道自己可以做什麼，那麼努力保護自己，好好活著，並在條件允許下，繼續工作並且持續繳稅，這對政府也是很大的幫助。」小童媽媽聽了用力點點頭。

「那小孩們也要繼續上學嗎？」小童問。

「在狀況許可下，當然還是要上學。畢竟，沒有人知道戰爭會持續多久，小朋友還是要持續學習；而且，戰爭結束後，未來我們的國家及社會還是需要上過學的每個人啊。像是烏克蘭甚至利用線上平臺，讓小孩繼續受教育。」大熊老師說。

「可是，戰爭一定很可怕，難道不可以不上學，跑到山上躲炸彈嗎？」

壯壯聯想到自己平時看的末日電影、荒野求生電影都是這樣演的。

戰時動員分類

1 後備軍人

志願役：退役尉官、士官五十歲、士兵四十五歲

義務役：退役三十六歲以下

＊若戰爭爆發，會先徵召約 20～25 萬後備軍人，徵召原則是後退先召，也就是越晚退伍的後備人員會越先徵召。

2 醫護、警消

約四十四萬人。

義務役：退役三十六歲以下

＊除了現役人員之外，也有可能徵召退休、退役人員。

3 軍勤單位

臺電、中油、電信等重要基礎設施人員、特殊專長人員。

4 民防單位

各地民防、義警、義交、義消。

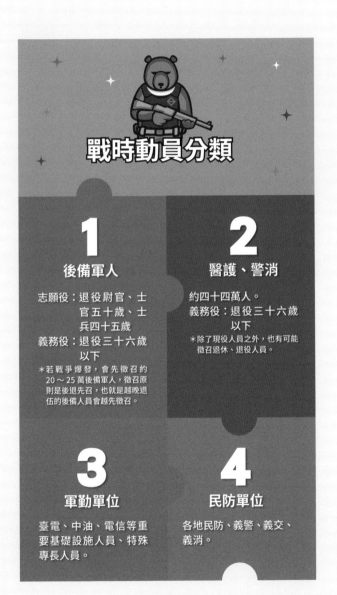

注意，這些事情不要做！

「戰爭發生時，有幾件不該做的事情，包括傳播謠言、破壞社會秩序，還有一項就是不該跑到深山裡面。你想想看，一般人沒有受過野外求生的訓練，可能根本找不到東西吃；而且，萬一身體出狀況，例如天氣太冷失溫了，一時間也可能找不到救援。」大熊老師正色說。

大熊老師加重語氣解釋著，「戰爭發生時，警消人員為了維持社會的運作，一定會有很多緊急任務，例如避難所的維護、協助物資發放等，會忙不過來。因此，戰爭時，千萬不要去做過度冒險的事情。」

「喔，我知道了。」壯壯點點頭說。

「可是，如果在路上遇到空襲怎麼辦？我們住在臺北，現在都找不到防空洞了，要逃到哪裡去？」小童問。

大熊老師呵呵笑著回答：「你們知道臺北市最佳的防空避難設施在哪裡嗎？」孩子們抓著頭想，遲遲答不出來。

大熊老師直接公布答案：「其實就是地下捷運。平常它是交通設施，戰時就可以轉換成避難場所。」大熊老師說，「臺北多數的捷運都地下化了，一旦遇到空襲，就可以趕緊尋找鄰近的捷運入口、進去躲避，比較不會被砲火波及。

另外，臺灣在九二一地震後，建築法規更嚴格，很多房子都是RC防震結構，這些大樓的地下室、地下停車場，都可以作為臨時的防空避難處。」

「還有一種狀況，萬一空襲來了，家人分別在不同地方上班或上學，這時候手機又打不通，我要怎麼接小孩？」小童媽媽問。

這時，只見大熊老師拿出一張空白的表格，上面寫著「個人避難準備

──列出生活中鄰近的防空避難所（由近到遠）」說：「這個問題的確是很多爸媽很關心的。為避免上述狀況，家人平時就可以一起討論，約定好緊急會面點。要記得喔，相約的地點必須『明確』、『可到達』、『成員都熟悉』，例如住家附近捷運一號出口的大樹旁，萬一聯絡不到家人時，便可以自行前往集合。另外，全家也可以一起找出，住家附近、工作或學校附近、通勤路上，有哪些防空避難所，平時都想好，戰時就不容易慌亂。」小童媽媽如獲至寶般的接下了表格，心裡也踏實多了。

家庭避難準備

「戰爭來臨時，一定會改變大家原來的生活，但是如何做到戰時盡量不慌亂呢？就要從平時準備做起。」大熊老師緩緩的說明，讓大家都能靜下心、不焦躁的聽著。

「第一件要做的事情，就是先判別自己住家的周遭區域，是不是容易受戰火波及的『熱點』。」大熊老師說。

「該如何知道自己住家附近危不危險呢？」小童問。

大熊老師回答：「爸媽可以帶著小朋友，一起利用google map，標示出住家附近是否有政府機關（如總統府、行政院、立法院、縣市政府、區公所等）、軍營、指揮所、軍校等重要機關或設施；以及例如電廠、超高壓變電所、水庫、淨水廠、基地臺、大型橋梁、天然氣接收站、機場、臺鐵、高鐵等關鍵基礎設施，這些地點都是敵軍容易鎖定攻擊的目標，目的是要打擊民眾心防，或利用斷水、斷電、斷交通、斷通訊等方式，製造民眾恐慌。

另外，中國解放軍如果入侵臺灣，有十四個可能潛在的海灘登陸點（見P.80），包括淡水河口、東北角、宜蘭、嘉義至屏東，將這些可能的登陸點，跟上述的熱點，畫一條線，標示出解放軍可能行進的路線。

例如，如果解放軍從淡水河口登陸，一路往博愛特區走，所經的路線可能成為戰管區或交戰區，如果住家在解放軍可能的行進路線上，風險也比較高。」

「首先辨識住家區域是否安全，第二步是判斷及規畫是要居家避難還是外出避難。」大熊老師接著說：「如果住家周遭風險較低，可選擇居家避難；若住家周遭風險比較高，則必須外出避難。如果是後者，在平時就可以先想好，哪裡是可供長期居住避難的第二住所或第三住所，例如阿公、阿媽家或親戚、朋友家；如果都沒有適合的地點，也可以留意政府公告的避難收容所。但要切記，不管是第二、第三處所或避難收容所，也應該留意周遭是否有熱點，千萬不要跑到風險高的地方避難。

決定好居家避難或外出避難之後，就可以知道應該把主要物資儲存在哪裡。如果決定外出避難，那麼，把大量物資儲存在家裡就沒有太大意義，而是要在第二或第三住所儲存物資。因此，判斷居家風險非常重要，這會影響你接下來的行動。」大熊老師一口氣說完。

這時，大熊老師轉向三個孩子，拋出問題讓他們一起動動腦：「你們認為平時應該儲備哪些物資，因應萬一戰爭來臨時的需要呢？」

「我要準備很多很多巧克力，還有科學麵。」壯壯搶先說。

「我想要吃糖果、冰淇淋，還有⋯⋯」小童歪著頭努力想。

「有些吃了會撫慰心靈、讓人心情比較愉快的零食，可以適當準備一些。

但你們如果口渴、肚子餓了怎麼辦？」大熊老師問。

「對耶，要準備水，還得到超市買很多菜跟肉，我喜歡吃肉。」壯壯被提醒後整個人都理智了起來。

「那你們有沒有想過，戰爭發生時，可能沒有電，就沒辦法長時間冷藏食物了？」大熊老師繼續問。

「對耶，肉會壞掉！」壯壯發現自己太異想天開。

「嗯，那冰淇淋也要從購買清單裡刪除了。」小童回答。

維生333原則

「沒錯，所以我們在準備戰時儲備物資時，必須優先考慮是否容易儲存，以及維生的需求。」大熊老師接著說：「在思考該準備哪些物資之前，我們先來了解什麼是『維生333原則』：就是一個人如果失溫三小時，或脫水三天，或缺乏熱量三星期，就可能會有生命危險。如果是居家避難，保暖比較不成問題，但是如果是選擇外出避難，務必要準備好保暖衣物，避免失溫。」

「那要準備多少水跟食物呢？」小童媽媽問。

「假如是居家避難，只要空間夠，儲存量當然越多越好，甚至達半年的量；均標大約是儲存三週所需；低標的話，至少要儲存一兩天的水跟食物。」大熊老師接著說：「平時儲備物資的時候，你們可以擔任『小小食物管理員』喔。」

「這是什麼？我可以做什麼？」壯壯很興奮的問。

「你們可以跟著爸媽去超市，一起選購全家喜歡吃、而且適合長期存放的食物。例如，罐頭就是不錯的選擇，可供選擇的種類多，效期也比較長，

可以分批採買，以免同時到期。而且，你們還可以做一件事，就是協助爸媽定期檢查食物是否快到期，然後提醒爸媽把快要到期的食品先拿出來吃，還可以當『試吃員』，下次補充新物資時，可以挑選更適合全家的食物。」大熊老師建議。

「這個我會。」小童自告奮勇回答。「我也可以。」壯壯也躍躍欲試。

「準備食物時，還有一個技巧，就是平時可以練習延長食材的效期，例如，戰爭中如果遇到斷水斷電，生鮮食材無法久放，這時候就可以透過風乾、醃漬、煙燻等方式，把蔬菜做成泡菜，把肉品油炸脫水。另外，黑熊學院的進階課程，還會教大家種植食用植物。例如，在家種豆芽菜，就是既簡單又能補充膳食纖維的方式。盡量將準備物資這件事融入日常生活，這樣做起來就不會覺得太辛苦。」大熊老師提醒。

「大熊老師，你剛剛說戰爭時會斷水斷電，那是不是跟颱風來的時候一樣，晚上黑漆漆什麼都看不見？」壯壯突然想到這個問題。

「戰爭來臨時，的確可能面臨斷水、斷電甚至斷網的問題，因此能源跟通訊設備也是必備物資。照明能源部分，可以準備手電筒、頭燈、營燈、電池、電瓶或蠟燭等。另外，現在很多家庭會架設太陽能板儲電，戰時也能發揮作用。」

大熊老師說：「戰爭時，我們還是需要了解外面的狀況，例如戰爭進展如何，廣播應該是最難被完全摧毀的關鍵基礎設施。我們可以準備手搖式發電的收音機，因為是防災用的，還兼具充電、照明等多功能。

另外，如果選擇在家避難，預先建立住家安全室也是必要的。一旦發生空襲，卻來不及跑到地下室，就必須採取就地掩護。而建立住家安全室的原則，就是這個房間必須隔兩道牆，平時就做好動線清空，在裡面可以預先擺放安全帽等防護裝備，以備不時之需。」

這時，大熊老師又拿出第二張「家庭避難準備」的表格，交給小童媽媽，說：「回家後，可以照著這張表格所提示的項目，逐一填寫、確認，才不會遺漏。」

外出避難準備

小童媽媽一邊收下，一邊想到另外一種狀況，問說：「我有很多親人住在不同地方，如果有親人遇到要外出避難的情況，該怎麼做準備呢？」小童媽媽問。

「以臺灣的狀況，不太可能進行整個城市的難民撤離，比較可能的狀況是，戰爭發生時，某個區域戰管，但其他區域仍然維持正常生活；或者，即使要外出避難，走路幾個小時就能找到第二個或第三個避難處所。我們來預設一種挑戰度比較高的狀況好了。」大熊老師舉例：「假如有一個人隻身在臺北，住家又在熱點，也不想到鄰近政府規畫的避難所，想到其他縣市投靠親友，但沒有交通工具，因此要步行兩三天，這時候避難包要如何準備呢？大家可以參考一下這張黑熊學院試擬的清單。」

這時，只見大熊老師變魔術一樣，從檔案夾裡拿出一張「外出避難器材清單」，裡面列舉了包括保暖睡眠、飲食（水）、資訊能源、醫療衛生、工具防護及個人用品等大項目，裡面還有密密麻麻的小項目，壯壯忍不住搶著探頭要看。

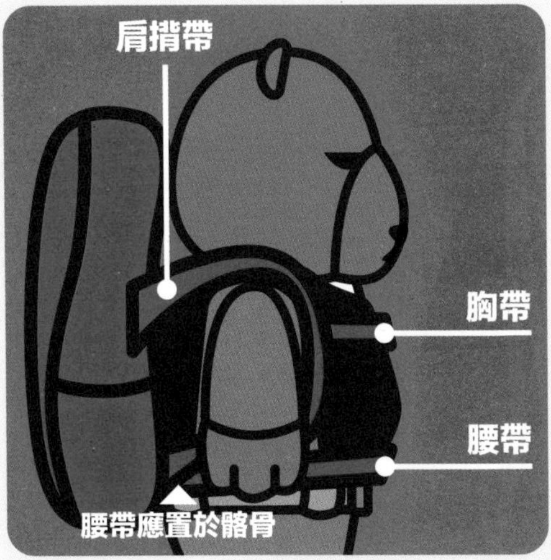

「基本上，外出避難裝備仍須遵守『333原則』——就是基本保暖、水跟熱量。另外，通訊設備、睡袋或睡墊、急救醫療器材等也是基本的配備，先確保能平安走到目的地。

我要特別提醒，採取步行方式避難，實際準備避難包時，必須在體積、重量與效益之間取得平衡。我舉個例子：要準備一家人三天份的水，已經很重，如果又準備大量罐頭，不一定都搬得動，或許改攜帶代餐粉、壓縮餅乾等食物減輕重量。」大熊老師說明。

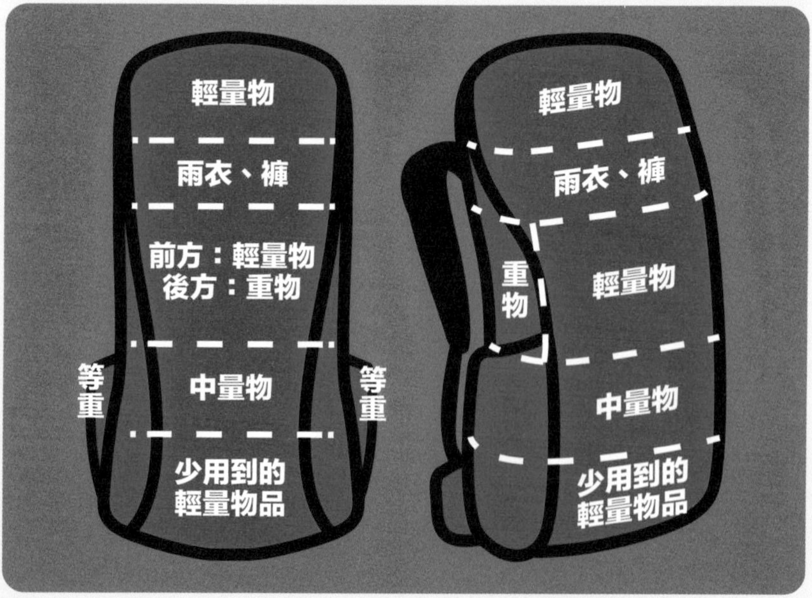

大熊老師這時突然轉頭問孩子們：「如果真的必須走三天外出避難的話，你們走得動嗎？可以幫忙爸媽搬運這些東西嗎？」只見壯壯跟小童突然都陷入思考。

「我不知道……」小童說。

「沒有關係。但你們這幾次上課，是不是一直聽到黑熊老師們不斷提到『要做好戰爭的準備』呢？」大家點點頭。

「除了大人要做好準備，小朋友也要做好準備喔。」大熊老師說，「除了前面提到可以跟爸媽一起準備避難物資，你們平時也要多運動，鍛鍊自己的體能。萬一不幸真的發生戰爭，需要逃往安全的處所時，有體力可以自己走路，或幫忙揹一些避難物資，減輕爸媽的負擔。」

大熊老師繼續說：「另外，你們都是大孩子了，平時也可以學習一些簡單的救護知識，萬一有人受傷流血，在等待救援到達之前，可以協助做一些簡單的包紮、傷口處理等等。」

「這當然沒問題，但我可以去哪裡學？」壯壯問。

「黑熊學院有開設『衛生與基礎救護』的課程，你們可以跟爸媽一起來學習。」大熊老師說：「只要平時開始準備，萬一戰爭來了，孩子也可以是家裡的強力後援。」

小童媽媽起身跟大熊老師道謝：「聽完這些民防相關知識，我發現只要有適當的引導、適合的情境，原來孩子能做到的事情，比我們想像中還要更多。」她轉身向孩子們說：「剛剛大熊老師有提到地下捷運可以做為防空避難所，我們待會搭捷運回家時，可以仔細勘察一下捷運的動線、出入口跟周遭的環境。」

「好！」壯壯甚至心裡已經默默在想，準備避難物資的時候，要買什麼東西，他迫不及待想要回家時轉述給爸媽聽，趁周末趕快來準備；他還想著，要把今天學到的事情，跟同學分享，相約一起開始跑步練身體。

實用篇 請你跟我這樣做

第一章／

衛生與急救

一、衛生整潔與預防外傷的方法

個人衛生

在戰爭爆發或各種災害發生時，一些微不足道的日常小事也變得很重要，在平時建立良好習慣，才不會在關鍵時刻拖累自己或家人喔！

手部

我們仰賴雙手做各式各樣的事情，手碰過的東西和地方遠超乎想像，因此勤洗手是防止細菌和病毒傳播的基本措施。

口腔

每天刷牙，仔細刷洗牙齒的表面、內側和咬合面及舌苔，並輕輕按摩牙齦。應定期更換牙刷，使用牙線、牙間刷與漱口水等。至少每半年看一次牙醫，確保口腔健康。

預防外傷

手套

手套的功能多元，天冷時戴上可以保暖，拿取熱騰騰的鍋子時，也需要手套幫忙，避免手燙傷。在適當時間戴手套，能預防細菌、病毒感染及傳播，也能隔絕腐蝕性化學物質直接碰到手部皮膚。

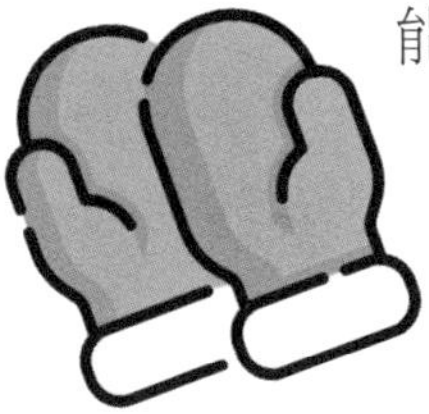

合腳、好走的鞋子

選擇能支撐、穩定足部的鞋子很重要，走路比較不容易累，比較不會長水泡或破皮，降低從事各種活動時受傷的風險。避難時優先選好穿的舊鞋，而不是新鞋。

長袖、長褲

穿長袖衣服和長褲能保護皮膚隔絕紫外線的照射，避免晒傷，也能降低皮膚接觸到各種刺激物質及蚊蟲叮咬的機率。

合腳、透氣的襪子

合腳的襪子能夠減少皮膚刺激、防止細菌和病原體滋生，透氣不良的襪子容易引起水泡、造成傷口。

乳液

乳液能防止皮膚乾裂、使皮膚表面光滑，減少與衣物的摩擦，預防皮膚受傷。乳液所含成分，也具有舒緩和修復皮膚的作用，減緩皮膚發炎、紅腫或敏感症狀。

二、懂得分辨安全的食物與飲水

飲食衛生

水

人體約七〇％是由水組成，充足的水分不僅讓器官運作良好，也提供身體所需營養，並幫助代謝。

煮沸

將自來水或未經處理的水煮沸，因為高溫能殺死大多數細菌、病毒和其他微生物。不過，煮沸法無法完全去除水中的化學物質及重金屬，需視水質狀況飲用。

消毒

登山用的淨水錠最易取得，消毒效果佳。

過濾

使用過濾器，可以有效降低水中的有害物質。

食物

在避難時，醫療資源相對稀缺，處理食物時需要更小心，避免食物中毒或生病。首先要確認食材沒有腐敗，接著是充分加熱。

洗手

處理食物之前，務必使用肥皂和清水洗淨雙手，搓揉手部、指縫和指尖至少二十秒。

清洗蔬果

放在流水下擦洗表面，以去除表面的汙垢和農藥殘留，也可以使用軟毛刷輕刷，或者使用蔬果清潔劑清洗。

器具清潔

以清潔劑清洗砧板、刀具和餐具，再以乾淨的毛巾擦乾或風乾。汰換表面損壞的砧板。生的和熟食分開，確實加熱、保持廚房環境清潔等，並隨時留意身體虛弱或腸胃較差的成員狀況。

三、避免失溫與熱傷害

環境急症

失溫

大腦的溫度中心位於大腦後下視丘，會收到皮膚及黏膜的訊息，以調節體溫。一般人體核心溫度約37℃左右，低於35℃就算是「低體溫」。

讓身體發熱

將傷患從寒冷處移至溫暖處、去除溼衣物、換上乾衣服、蓋上毛毯，由傷患自體體溫回溫。

提供溫暖的物品

提供如照射烤燈、暖暖包、灌注熱空氣、使用溫水袋等。

熱傷害

熱傷害的成因有兩種，一是環境太熱，或在高溫環境中運動過量；二是體溫調節中樞有問題。以下是相關的症狀與處理方式：

熱暈厥

在高熱環境中久站，血液滯留於下肢，導致姿勢性低血壓。發生這種狀況，請趕快到陰涼處躺平，補充水分，症狀很快就會消失了。

熱衰竭

高熱到一直流汗，體內電解質不平衡，就可能導致熱衰竭。請盡快到陰涼處，並補充富含鈉的運動飲料。

熱中暑

體溫調節功能「故障」，使得身體溫度升高至41℃以上。除了到陰涼處，也必須脫除身上衣物，想辦法降溫。

四、受傷了怎麼辦？

簡易創傷處置

常用藥品

這個表格能幫助你理解生理食鹽水、優碘和白藥水的功能差別與用途。

生理食鹽水
適用：通用
特性：不傷害纖維母細胞
缺點：無殺菌功能
禁忌：無

優碘
適用：汙染傷口
特性：易清洗、殺菌效果佳
缺點：容易色素沉澱、黏傷口
禁忌：需稀釋使用或清創，完畢後再沖洗

白藥水
適用：表淺傷口
特性：較不痛、不易結疤
缺點：內含的血管收縮劑，可能影響消毒
禁忌：深層傷口不能使用

常見敷料

敷料的功能是減少傷口受外界刺激，降低感染機率，吸收分泌物與保持傷口溼潤；有些特定敷料也有促進凝血或促進傷口恢復的功能。

常見繃帶

繃帶的功能是固定敷料或夾板、保護傷口；有些特定繃帶與止血敷料結合，提高操作的速度與便利性。

出血及包紮

出血類型

微血管出血

出血量少，危險性較小。在傷口蓋上紗布就可以止血，OK繃也可以派上用場。

靜脈出血

血色暗紅，血流速度緩慢。一般來說，將傷處抬高，能減少出血量。在傷口蓋上紗布並加壓、包紮就可以止血。

動脈出血

血色鮮紅，血液呈搏動性噴出，出血量多，速度快，危險性大。一般會使用大量紗布加壓止血，以止血帶輔助。同時也需注意病患意識狀態，維持體溫，並且盡快送醫。

止血處置

直接加壓

使用敷料直接用掌跟在傷口處施加壓力。如果無法取得滅菌紗布的話，也可以使用乾淨的毛巾、衣物替代。此外，如果敷料被滲溼，請直接將新的敷料蓋上去，以免傷口和第一層敷料間形成的血塊，因移除而繼續流血。

彈繃包紮

大多數的出血會在直接加壓後的四～六分鐘內緩解，接著可以使用彈性繃帶固定敷料，達到持續加壓的效果。

以下是彈繃包紮時要注意的事項：

❶包紮四肢時，應盡可能露出肢體末梢，以便隨時觀察血液循環。如果傷者覺得冷、發脹，或者有點麻，就代表包得太緊了，得重新包紮。

❷包紮完畢，可以將繃帶塞入，或以打結、膠布（不可貼在受傷的皮膚上，避免二次傷害）固定，以免鬆脫。

❸不可在傷處、關節或不易看到之地方打結，儘可能在傷口同側打結，避免磨擦。

定帶

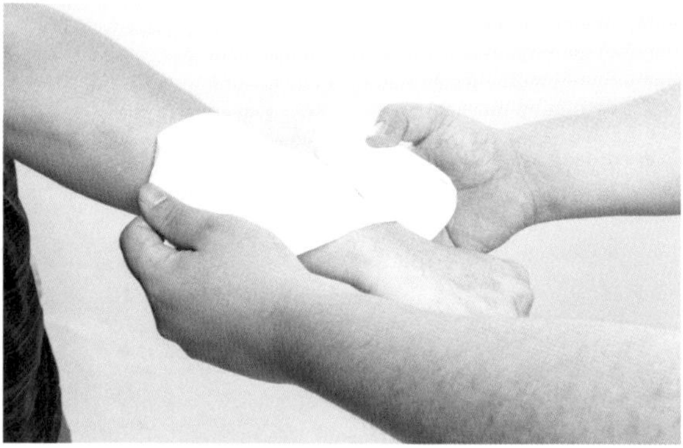

彈繃以斜 45 度角置於傷處。

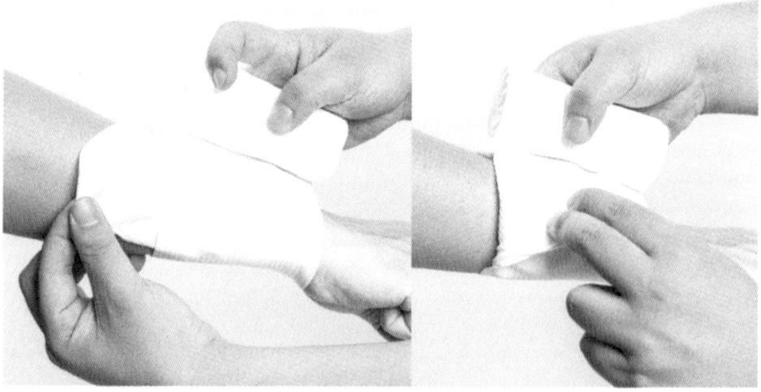

折起繃帶一角，折角疊在繃帶上纏繞。

環狀包紮

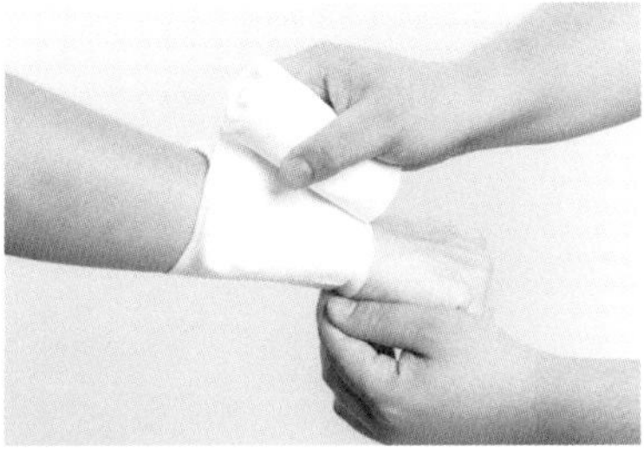

持續纏繞同一處。

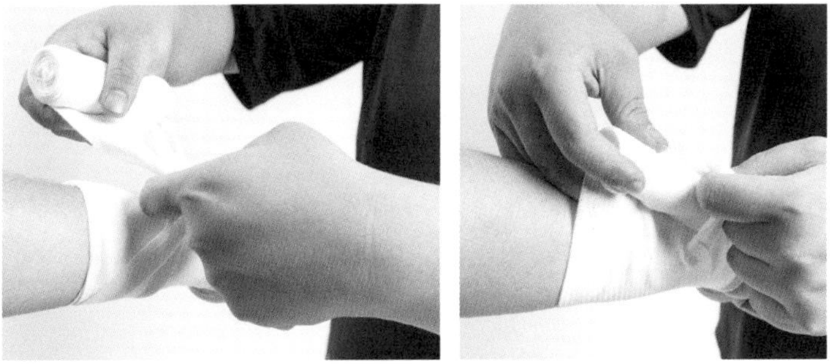

幫繃帶捲收入最後一圈，置於傷者身體外側。

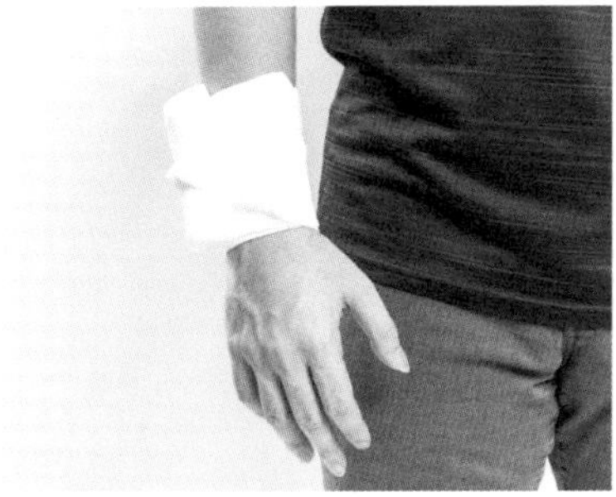

完成！

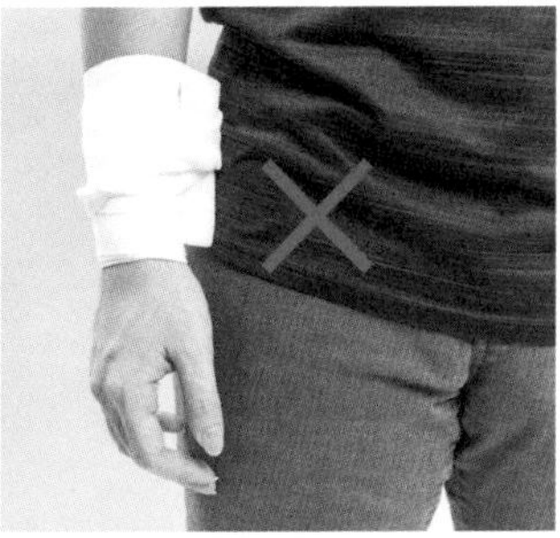

繃帶捲置於靠近身體這一側，容易因動作摩擦而鬆脫。

螺旋包紮

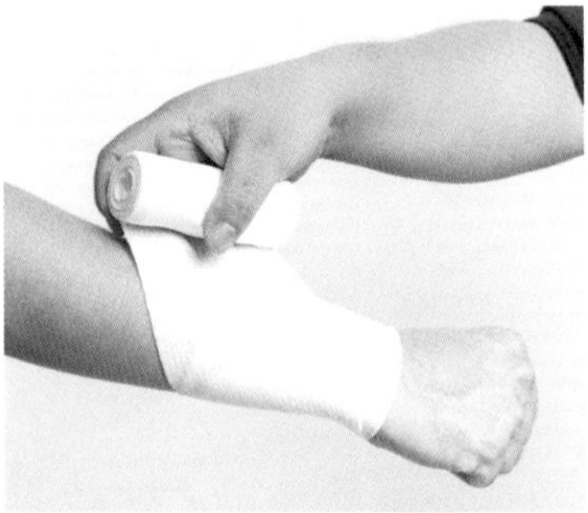

適用於大而長的傷口，定帶完成後，由遠心端往近心端纏繞，每一圈需覆蓋上一圈 1/2 ~ 2/3。其餘收帶動作與環狀包紮相同。

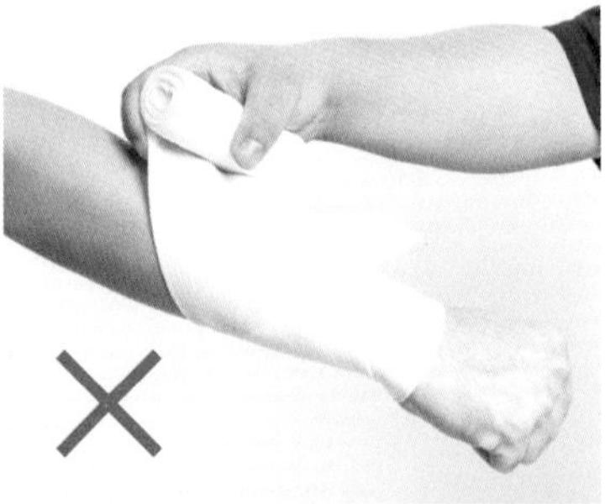

常見錯誤：未完成定帶就往上纏繞。

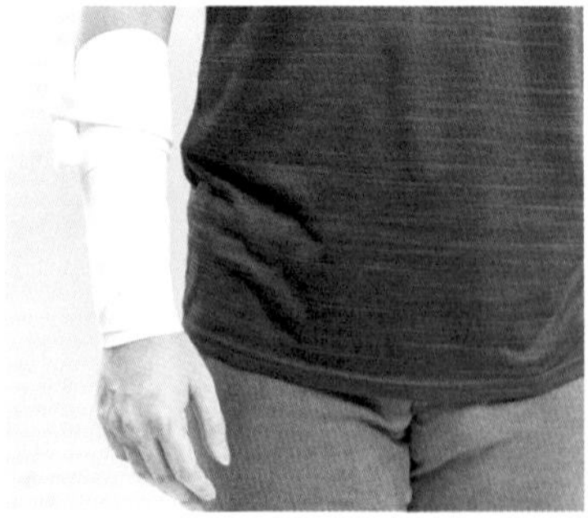

完成！

止血帶

止血帶能將手臂或腿的血液完全阻斷，於十五秒內完全止血，效果極佳，加上可以單手使用，因此近年來各國急救系統與戰術單位也開始使用。

止血帶使用步驟

將止血帶環繞傷肢，綁的位置應於傷口靠近心臟的那一端 5 ～ 8 公分。

盡量拉緊尼龍帶，緊到手指無法深入止血帶與皮膚間的空隙。

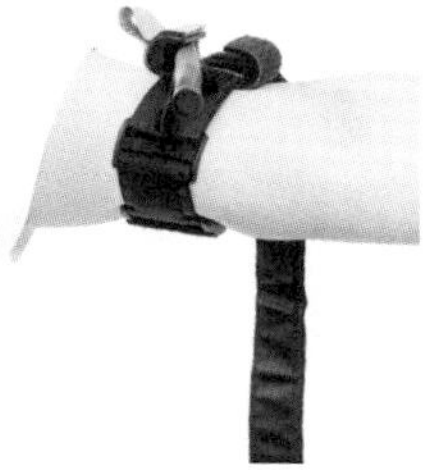

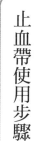

注意事項

❶止血帶需直接在皮膚上使用，不能隔著一層異物（如鈕釦、鑰匙、皮包、手機）使用。

❷如無法判斷傷口確切位置，可以直接在該肢體最靠近心臟的地方使用。

❸綁上止血帶後，應記下時間，送醫過程中皆不能鬆綁。

❹如一條止血帶無法有效止血，則於近心端並排再綁上一條；如果近心端無法綁，就改為遠心端；不論如何，兩條止血帶應該盡量靠近。

骨折

肢體骨折固定

骨折時，通常會使用「固定板」連接傷處前後兩個關節，減少受傷的地方位移，避免二次傷害及疼痛。

骨折固定有以下幾點注意：

❶優先處理開放性傷口與出血。

❷將傷肢固定於原來的姿勢，但如肢體位置會妨礙運送時，可嘗試拉直肢體後再固定。骨折固定的常見器材，有「捲式護木」及「抽氣式護木」，也可以使用堅硬且長度超過傷肢前後關節的物品替代。

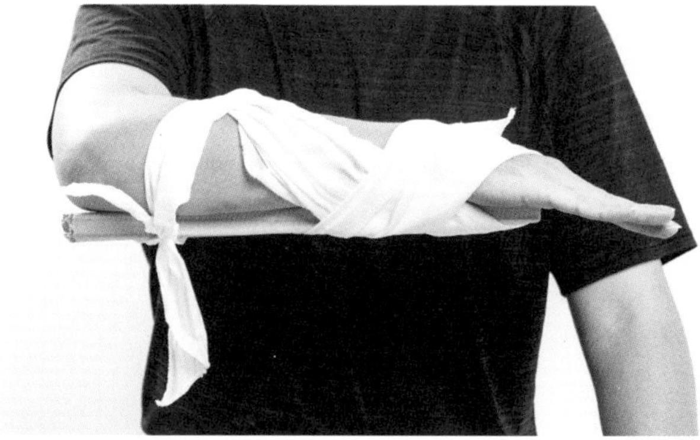

示意圖，故省略了填充物。

實用篇　請你跟我這樣做

第二章　避難準備

作為平民，大部分的人不會碰到武器，甚至可能不會聽到砲火與槍聲；平民在戰爭中的首要任務，就是維持自身的生存與生活，小朋友上學、大人上班，讓社會持續運轉，並不需要特地跑到深山裡躲起來。

如此一來，社會才會保有秩序與活力，政府與軍隊可以專心戰事，不用分神留心後方。

接下來，將以「我是誰、我在哪、我要幹麼」三個問題切入，教大家提升生存力。

一、我是誰？

在開始戰災、天災準備前，思考自身與家人的條件，包括大家的健康狀況（是否有行動不便或慢性病患者）、是否具備特殊技能（例如急救證照）

等等，都有助於後續的規畫。例如，若有成員具備急救技能，相關的藥物、急救器材的準備及操作都可以詢問他。

另外，也要注意家庭成員中是否有人會受到徵召，將這些情境一併納入考慮。

二、我在哪？

你想過以下問題嗎：「戰爭爆發時，我家安全嗎？」「如果不安全，那我和家人該怎麼辦？」

首先，請先標出家裡附近的「熱點」，確認是否會被戰火波及；接著，再轉移到事先計畫好的其他住所，確保自身及家人安全。

熱點共分成兩類：

一是登陸點，主要集中在四個地區，分別是淡水河口、東北角、宜蘭及嘉義至屏東的海岸線。

二是易受戰火波擊的設施，除了各級政府機關外，包括營區、指揮所、雷達站、軍校的軍事設施，或者能源（電廠、超高壓變電所）、水（水庫、淨水廠）、通訊傳播（電視塔、交換中心、電纜站）、交通（機場、臺鐵、高鐵）相關的設施，都可能是被攻擊或占領的目標。

行動的原則與移動順序

約定緊急會面點

與家人約定緊急會面點，通訊中斷時才知道該到哪裡集合，緊急會面點要符合「明確」、「可到達」、「家人都熟悉」的原則。以成員可到達的時間，再加上幾小時推估集合時間，時間到就往下一個會面點移動；或者與成員約定暗號（例如繫上各色布條）等。

將住家附近的熱點標示出來後，就可以依據風險程度決定後續行動。距離熱點方圓一公里內屬於高風險區域。

風險低：選擇居家避難，留意局勢變化，也做好外出避難的準備。

風險高：儘早外出避難，家裡不當成主要物資存放處。規畫第二住所，這裡應是遠離熱點，能提供長期居住避難、主要物資存放處。

三、我要幹麼？

物資準備與管理

在盤點完自己與家人的狀況及住家條件後，就可以初步判斷何時該走、何時該留，但不論發生什麼狀況，基本的維生物資都必不可缺。

切記，原則是先確保足夠的基本維生物資，再來準備特殊狀況所需要的設備或器材。

該做的事	不該做的事
平時準備 儲藏物資（至少三週的量），定期確認儲備物資狀況。	**跑進深山** 高海拔山區生存條件不佳，如低溫、氣壓低、補給及就醫不易。
開戰前 決定外出避難還是居家避難。	**散布謠言** 戰爭時資訊戰的攻擊強度會比平時高很多，因此要慎重檢視資訊來源與真實性。
開戰後 配合人力物資管制，不投降，努力活著，適時協助政府，響應號召。	**破壞社會秩序** 維持社會秩序與韌性，是能否撐過戰爭的關鍵因素，「過一樣的日子」是平民最優先的任務。
	過度冒險 不做超出自身能力的行動。

居家物資儲備

家庭儲水

依照水利署統計，臺灣人每天平均用水量是兩百八十公升，該如何儲水及節約用水，是很重要的事。善用家裡現有的器物，像是水桶、浴缸、洗衣機等，都可以當成應急用的儲水幫手。

能源與照明

準備足夠的各式電池、蠟燭、瓦斯罐與卡式爐、營燈與頭燈，車用電瓶也是不錯的能源儲備（需另外準備逆變器）；如果空間與經濟條件許可，也可以考慮架設太陽能板或發電機。

食物儲備

準備全家人至少三週的食物，以熱量來計算最為精確；除了總量之外，也要營養、心理健康與種類多樣性，缺一不可呢。

另外，應定期檢查效期，分批採買，才不會同時大量食物到期導致浪費。

碳水化合物、蛋白質、脂肪的比例也要注意，蛋白質攝取一般建議每人每天體重×〇・八克以上；長期來說，也需要準備綜合維他命，以及自己種植蔬果，確保能攝取到膳食纖維。

物資準備

維生元素與物資概算

遵循「333原則」，也就是失溫3小時、脫水3天、缺乏熱量3週會致死，請以預防這三種狀況當作物資準備的起點。

從保暖、喝水、熱量開始，確保基本維生需求後，再來準備特定狀況時的東西，可以減少無謂的金錢花費。

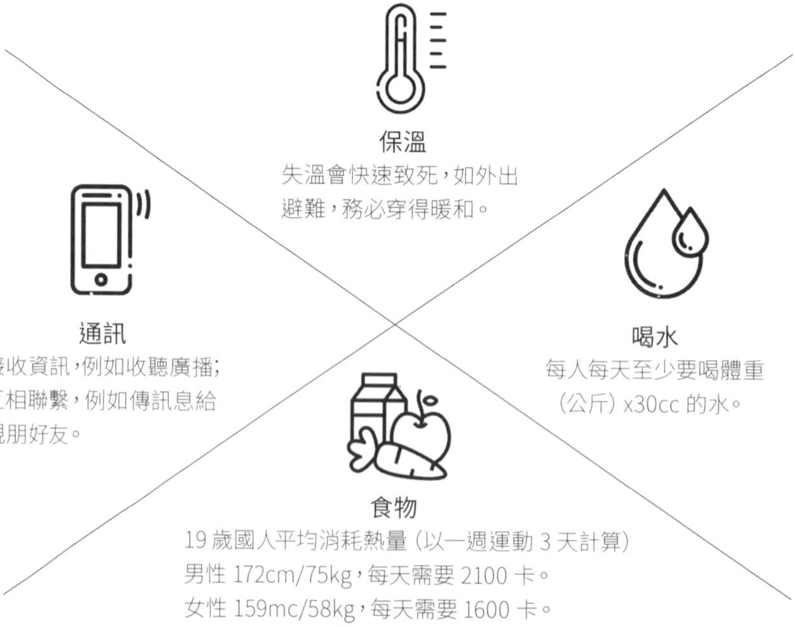
保溫
失溫會快速致死，如外出避難，務必穿得暖和。
通訊
接收資訊，例如收聽廣播；互相聯繫，例如傳訊息給親朋好友。
喝水
每人每天至少要喝體重(公斤) x30cc 的水。
食物
19 歲國人平均消耗熱量 (以一週運動 3 天計算)
男性 172cm/75kg，每天需要 2100 卡。
女性 159mc/58kg，每天需要 1600 卡。

移動、外出避難準備

EDC
(Every Day Carry)

使用時機：隨時帶在身上。

內容物：常用工具。

供給時間：能撐幾個小時。

GHB
(Get Home Bag)

使用時機：不得不出門時。

內容物：EDC、水、食物、衛生用品等。

供給時間：一個晚上。

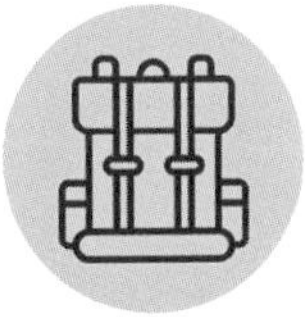

BOB
(Bug-out Bag)

使用時機：撤離時

內容物：家庭成員共同討論。

供給時間：二～三個晚上。

四、戰爭時，遇到這些事情我該怎麼辦？

遇到政治活動時

在地協力者發起輿論戰，呼籲大家放棄抵抗，接受「和平」統一。你可以這麼做：抵制、不受訪。

遇到恐怖攻擊時

潛伏的敵人正在製造社會恐慌。你可以這麼做：避免出入人群聚集的地方。

遇到資訊滲透時

當公共電子系統、金融或政府機關被駭，癱瘓網路功能或製造假消息時，請保持冷靜，安撫身邊的人。

撿到武器時

絕對不能碰觸，將位置訊息告訴大人，回報給相關單位。

遇到軍隊時

如果遇到敵軍，盡可能遠離他們。如果遇到我軍，請給予支持，但不要拍照。

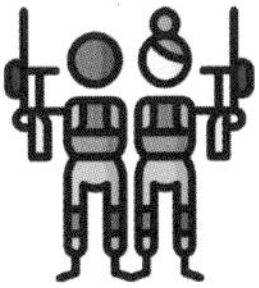

五、實用表格

防空避難設施

防空避難設施地點（由近至遠）			
 住家附近			
 公司／學校附近			
 通勤路上			
 常去的地方			

防空避難設施地點（由近至遠）			
 必須列入計畫的成員、寵物			
 成員的戰時狀態（被徵召、臨時勤務等）			
 緊急會面點			
 暗號與其意義			
 第二住所地址			
 轉移路徑＆距離			

外出避難清單

飲食需求		
成員姓名	熱量需求	注意事項
每日需求		
三週需求		

水需求			
成員姓名	飲水需求	民生用水需求	備註
每日需求			
三週需求			

飲食							
編號	品項	熱量	規格	數量	購買日期	有效期限	備註

儲水器具與淨水量

編號	品項	儲水量／淨水量	規格	數量

資訊／能源／照明

編號	品項	描述	規格	數量

醫療／工具／其他				
編號	品項	描述	規格	數量

黑熊勇士歌

曹興誠／詞

黑熊勇士壯，頂天立地強，
平時有訓練，戰時不驚慌。
軍警守前線，我們護後方，
團結力量大，宵小莫猖狂。
臺灣有我在，永為自由鄉。

KUMA 黑熊學院少年防衛課

策畫・製作｜黑熊學院X少年國際事務所
採訪撰稿｜紀淑芳
圖片授權｜黑熊學院、FREEPIK

字畝文化創意有限公司
社長兼總編輯｜馮季眉
責任編輯｜鄭倖伃
封面設計｜兒日設計
內頁版型｜ dinner_illustration
內頁排版｜多福

出版｜字畝文化／遠足文化事業股份有限公司
發行｜遠足文化事業股份有限公司（讀書共和國出版集團）
地址｜ 231 新北市新店區民權路 108-2 號 9 樓
電話｜ (02)2218-1417
傳真｜ (02)8667-1065
電子信箱｜ service@bookrep.com.tw
網址｜ www.bookrep.com.tw
郵撥帳號｜ 19504465 遠足文化事業股份有限公司
客服專線｜ 0800-221-029
法律顧問｜華洋法律事務所　蘇文生律師
印　　製｜中原造像股份有限公司

2024 年 1 月　初版一刷
2024 年 8 月　初版六刷
定價｜ 360 元
ISBN ｜ 9786267365397
9786267365380 (PDF)
9786267365373 (EPUB)
書號｜ XBLN0024

國家圖書館出版品預行編目 (CIP) 資料

KUMA 黑熊學院少年防衛課 / 黑熊學院, 少年國際事務所策畫・製作. -- 初版. -- 新北市 : 字畝文化出版 : 遠足文化事業股份有限公司發行, 2024.1
面； 公分
ISBN 978-626-7365-39-7(平裝)

1.CST: 民防 2.CST: 安全教育 3.CST: 青少年教育

528.38　　112019518